Warum gibt es alles und nicht nichts?

Ein Ausflug in die Philosophie

哲学家与儿童对话

[德] 里夏德·达维德·普雷希特(Richard David Precht) 著 王泰智 沈惠珠 译

Simplified Chinese Copyright ©2013 by SDX Joint Publishing Company
All Rights Reserved.
本作品中文版权由生活·读书·新知三联书店所有。
未经许可，不得翻印。

Original title:Warum gibt es alles und nicht nichts?by Richard David Precht
© 2011 by Wilhelm Goldmann Verlag,
a division of Verlagsgruppe Random House GmbH, München, Germany.

图书在版编目(CIP)数据

哲学家与儿童对话 ／（德）普雷希特著；王泰智、沈惠珠译．
—— 北京：生活·读书·新知三联书店，2013.11 （2022.11重印）
ISBN 978-7-108-04542-3

Ⅰ．①哲… Ⅱ．①普… ②王… ③沈… Ⅲ．①哲学–通俗读物 Ⅳ．①B-49

中国版本图书馆CIP数据核字(2013)第099535号

责任编辑 张艳华 王振峰
封面设计 罗 洪
插 图 金 马
责任印制 董 欢
出版发行 生活·讀書·新知三联书店
 （北京市东城区美术馆东街22号）
邮 编 100010
网 址 www.sdxjpc.com
图 字 01-2017-6888
经 销 新华书店
印 刷 三河市天润建兴印务有限公司
版 次 2013年11月北京第1版
 2022年11月北京第7次印刷
开 本 720毫米×880毫米 1/16 印张 10.5
字 数 100千字 图25
印 数 33,001-36,000册
定 价 37.00元

（印装查询 01064002715 邮购查询 01084010542）

目录

前言：大人的事、蜥蜴的事和孩子的事　1

我与我

在自然博物馆里（之一）：为啥什么都有，而不是什么都没有　3

在自然博物馆里（之二）：为什么有我　9

在水族馆中：动物的名称是从哪里来的　15

在 Zoo 动物园：为什么没有标名的鼠类更让人有好感　22

在 Tierpark 动物园：做一只狐蝠会是什么样子　28

在地铁中：为什么大猩猩会隐身不见了　35

在技术博物馆里：我是"谁"　43

在马灿区的迷宫里：我真的是我吗　51

做好事与我

在友谊岛里：大脑里有道德吗　59

在火车总站：五个人比一个人更有价值吗　67

在夏里特医院门前：可以杀死蓓塔阿姨吗　76

在普勒岑湖畔：为什么偷东西时镜子会是个障碍　83

在 RAW 园区内：获取回报会侵蚀我们的品格吗　92

在"珂勒 37"：什么是公平　100

在科诺普克香肠售卖亭前：可以吃动物吗　107

我的幸福与我

在莫愁宫：人为什么会有忧虑　119

在新博物馆中：什么是美　129

在普伦特森林：什么是正义　136

在柏林墙公园：什么是自由　144

在电视塔上：人生最重要的是什么　154

前言

大人的事、蜥蜴的事和孩子的事

大约是一年前的一天,奥斯卡和我在柏林水族馆里观看电鳗。电鳗是个相当令人讨厌的大家伙,身体就像是一根圆滚滚的粉红色香肠。它的一双浑浊的小眼睛其实是盲目,什么都看不见,这种鱼身上带有强电,是个真正的怪物。它就在我们眼前,缓缓穿过水草游弋着。

奥斯卡觉得这种怪物不仅让人害怕,而且还让人兴奋。他说,我们能不能写一本关于电鳗的童话,让一条巨型电鳗四处作乱,带着致命的电流危害人类?奥斯卡最喜欢少年英雄大战各种怪兽的故事。我们为什么不能写一本这样的书呢?这个怪兽可以有一个科学名字:电兽。就叫《电兽:亚马逊河上的恐怖》。看,连书名都有了。

可奥斯卡突然犹豫了,他又有了疑问。"爸爸,这可能行不通。"他有点泄气地说,"中世纪根本就没有电"。

一年后的今天，奥斯卡又长大了一岁。他当然也已经知道，中世纪也是有电的。只不过当时还没有人知道那是什么。天空打雷，即使在中世纪，也同样是电流的释放。但是，奥斯卡说的还是有些道理的：电流和中世纪——确实有点八竿子打不着。

事实是事实，感觉是感觉，它们毕竟是两种不同的事物。而本书恰恰是要论述这两种不同的事物。也就是我们确实知道的，和我们大概知道的事物，以及在我们的感觉中相互有关或相互无关的事情。

有人说，孩子是真正的哲学家。他们的好奇心无穷无尽，什么都想知道得一清二楚。世上应该知道的事情确实太多了。有些问题容易回答，有些则很难，甚至永远也找不到答案。

很多这样的问题和答案，都会引发孩子们的好奇心。当然不仅是孩子，成年人同样如此。他们经常提出同样的问题：生命是从哪里来的？人为什么常常悲哀？人如何才能知道自己的行为是否正确？

我曾为成年人写过三本书，探讨这些问题。现在，我把其中的一些问题和故事安插到这本书里。当然做了加工，好让孩子们能够看懂。奥斯卡现在已经到了可以理解这些问题的年龄。

这其中有些问题是孩子们特别想知道的。哲学家马丁·海德格尔曾说过，人所思考的事情，对蜥蜴来说，既极其无聊也无法理解。在它们的世界并没有人的事，而只有蜥蜴的事。但什么是蜥蜴的事呢？可惜海德格尔没有告诉我们，或许是香脆可口的昆虫、舒适的

热石板和温暖安全的山洞吧?

同样,既然有蜥蜴的事,那必然也有孩子的事。例如在长长的走廊里,孩子绝对不会慢腾腾地走,而必须尽情奔跑才开心;遇到光滑的地板,他们要在上面滑行;看见低矮的墙头,他们就要爬上去走平衡木;在孩子的眼里,晚上睡觉的枕头,定是经过枕头大战获得的"战利品";而大人安坐休息的沙发,则是他们蹦跳的玩具。这些就是孩子的事。既然有孩子的事,就必然也有孩子的问题。孩

了的问题和人人的问题是有区别的，就像在儿滑的走廊里闲庭信步和滑行奔跑有区别一样。但即使是大人——当他们兴奋时，或喝高了酒，或陷入爱河时——也会觉得在走廊里滑行要比漫步有趣得多。

所以，孩子的事，有时和大人的事十分相似。只不过大多更为自然、有趣和纯真。原因很简单，在大多数情况下，孩子们能够意识到，他们不知道的东西很多。而我们成年人却总是自以为是，觉得无所不知，否则就会被人认为是愚蠢。当然，谁也不愿意愚蠢，不论大人还是孩子。但真正愚蠢的人，正是那些自以为什么都知道的人。

奥斯卡和我都选择了柏林作为我们进行哲学交流的地方。柏林是我们最喜欢的都市。在这座城市里，有很多东西可以看、可以观察和可以动手去做。

很多著名哲学家的思想，都是在散步时产生的，我们效仿这样的散步。当然，我们在柏林的漫游比不上那些伟大的哲学家，像卢梭、海德格尔或者康德，他们的哲学散步极其规律和准时，邻居们甚至都以此来为钟表对时……

我与我

在自然博物馆里（之一）
为啥什么都有，而不是什么都没有

曾经有一段时间，奥斯卡对恐龙和已经灭绝了的脊椎动物——剑齿虎，以及对早期的地质年代表现出了极大的兴趣。所以，我们哲学漫游的第一站，就选中了荣军大街上的自然博物馆。

这是一栋帝国时期的老建筑。它的外表给人一种特殊的印象，脱落的墙皮就是它庄重和沧桑的见证。一踏进入口大厅，迎面而来的就是一座巨型腕龙骨架——全部用真骨复原的最大恐龙骨架。我们虽然知道，在侏罗纪还有比它更大的恐龙——地震龙和阿根廷龙。但当我们站到这个古老的骨架之下时，仍然有一种怪异的感觉：它很高，比长颈鹿还要高出一倍；它也很长，几乎可以和一头蓝鲸相比。在它旁边还展出了其他侏罗纪恐龙模型，如梁龙和异特龙。它们可以在电脑的操纵下活动起来。当然还有始祖鸟的珍贵化石。

博物馆的回廊厅布置得舒适漂亮。中间建有一个诱人的休闲环岛，让人一看到，就想跑过去躺在上面。这是全博物馆中奥斯卡最喜欢的地方。如果仰面躺在上面转动，就会看到一个多媒体控制的天体图像：从原始爆炸、宇宙形成到地球的发展。在这里可以轻松而准确地观看和聆听太空的形成和毁灭，星际的闪烁和陨落。节目的最后，我们看到了一面镜子，里面就是躺在软垫上、仰视天空的我们自己。两个愉快的微型生灵，在无垠天体中的一个小星球上。当我们在回廊厅上楼梯，到达二层时，奥斯卡突然严肃地问我：

——爸爸，为啥什么都有呢？
——你这是什么意思呀，奥斯卡？
——我是说，为啥什么都有，而不是什么都没有呢？
——你是说，为什么会有星星、地球、植物、动物和人类吧？
——是的，为什么会有这一切呢？

为啥什么都有，而不是什么都没有？人类经常提出这样的问题，并不厌其烦地一再追问。这可能是一个最古老的哲学问题，应该列于所有问题之首。各个国家的人们也一再试图找到答案。但大多数情况下，他们给出的答案，都是臆造出来的神话。

古代中国人在《山海经》里把混沌当做原始状态。据说混沌是一

只没有面孔的五色鸟,长着六条腿在跳舞。日耳曼人称混沌为吉弄嘎嘎普(Ginnungagap)——即"打哈欠的峡谷"。犹太人称其为脱呼瓦不呼(Tohuwabuhu)——即大混乱。(今天的很多父母还会说,你们又把房间弄得脱呼瓦不呼了。你们当然可以告诉他们,说这不是脱呼瓦不呼,而是吉弄嘎嘎普……)

对古埃及人来说,最早是始祖水,然后从水中升起了始祖山——地球。另一个古埃及故事说,众神来自始祖泥潭。从中首先脱颖而

出的就是创造大神阿顿,是他带领气神和火女神一起创造了世界。有关始祖山或世界山的传说,也可以在苏美尔人那里找到,据说他们按照世界山的模样,修建了自己的庙堂。

  在很多文明国度内,最受欢迎的故事,是说世界来源于一只蛋。这样的故事可以在东欧、北亚、希腊、波斯和埃及人那里听到。古代中国人也有始祖世界来自蛋的说法。那就是关于盘古氏开天辟地的神话。他开始时是一个侏儒,诞生于始祖蛋中,而且是在18000年前。蛋壳的下部变成了阴——大地。蛋壳的上部变成了阳——上天。盘古在中间的夹缝里长大,变成了一个巨人,然后又裂变成很多部分:月亮、太阳、山脉、河流、风,等等。而他皮肤上的跳蚤,却获得了殊荣,它们变成了人类。

  ——可是爸爸,这些故事都不是真的呀!那些天神和蛋呀什么的。
  ——说得对。
  ——那你为什么要给我讲这些呢?编造故事,难道这就是哲学吗?人们可以编很多这样的故事,例如《星球大战》什么的……
  ——是的。人们可以这样做。人人都可以编自己关于世界来源的故事。你知道为什么吗?因为人永远不会知道什么是真相。
  ——可是,我们刚才看到的都是真的吧。宇宙是通过原始大爆炸而形成的。

——是的，根据我们现有的知识我们至少可以这样猜测，但也可能很快会有一个新的理论。一百年以后，我们可能会有另外的观点。但我们永远不会知道终极的真相。

——如果真的有过原始大爆炸，一切都向四面飞了出去，那么在原始大爆炸之前，也还应该有什么东西存在啊？

——是的，一个巨大的硬块。

——那么硬块是从哪里来的呢？

——这就是问题的所在。如果说，世界来自一个蛋，那么蛋又是从哪里来的呢？而如果初始就是一个硬块，那硬块又是从哪里来的呢？古希腊的哲学家就曾研究过这个问题，并得出结论说："从虚无诞生虚无！"

——爸爸，就是说，没有答案吗？

——我想，你可能是对的，奥斯卡，你还记得我对你说过的一句话吗？我曾说：真正的哲学问题，就是没有准确答案的问题。

——我的问题也没有答案吗？

——是这样，有些问题，一时还没有准确的答案。例如人们很长时间都不知道什么是电。也就是说，人们无法解释天上为什么打雷，而是以为，那是一个神灵坐在云端把雷或者什么其他东西甩了下来。今天我们有了更多的认知，可以

准确地解释雨电了。但仍然还有些问题,却越来越难以准确解释。这就是真正的哲学问题。

——比如我的问题,爸爸,是不是?

——正是。你的问题甚至不是个一般的哲学问题。它可能是最大和最难的哲学问题。或许等到这本书结尾时你再提醒我一下。到那时,我们已经共同对所有的问题进行了探讨——谁知道,或许我们最终会找到它的答案,至少可以勉强地满意吧?

但我们至少已经获得了第一个哲学观点:

> 并不是每一个哲学问题都可以解释,很多问题只能有一个大概的答案,但同时也会产生更多新的问题。

既然不能回答为啥什么都有,而不是什么都没有——那么可不可以回答为什么有人呢?

= 为什么有我?

在自然博物馆里（之二）
为什么有我

在博物馆一间较暗的展厅里，摆放着一台巨大的玻璃展柜，几乎有一面墙壁那么大。里面展示着地球上的各种动物，从最小的昆虫到各种虎豹：一只大鹳鸟、一只埃及鹤，旁边就是鹭鸶、仙鹤、白头海雕和双角鸟。各种鸟的嘴，形状不同，用途也各异。从每组动物身上，我们都可以看到它们在进化过程中演变的不同形式。

开始时一切都那么简单。在无比漫长的时间里，例如35亿年前，生命第一次形成，然后进化成各式各样的形态。我们走到博物馆的侧翼，就会来到一间特殊的展厅。它只允许少量观众同时进入。里面阴暗，感觉很冷甚至有些恐怖。在高高的玻璃展柜中，陈列着成千上万个大大小小的玻璃器皿，里面存放着鱼类、蜘蛛、虾蟹、两栖动物和脊椎动物的标本。

——奥斯卡,你还记得我曾告诉你,人是从哪儿来的吗?
——是猴子变的。
——人是怎么知道的呢?
——因为找到了猿人的骨骼和头骨。
——他们是一直就知道的吗?
——不,我不相信。
——你知道,他们是何时知道的吗?
——不,不太清楚。

  人和猴子可能有些关系,这是人们在两千年前就有的一种猜测。印度尼西亚的原始居民认为,猩猩就是人,之所以不会说话,是因为它们太懒惰不肯干活的缘故。而猩猩的马来文 Orang-Utan,原意就是"林中人"。南美的玛雅人在他们的经书里,讲述了神灵创造第一批人的故事。可惜的是,这第一批人做得不太成功,既无智慧也无情感,可以说是呆头呆脑。于是神灵就把这批废品变成了猴子。

  而《圣经》中的描写却恰恰相反,在《创世记》的故事中没有猴子出现。道理很简单:在诞生《圣经》的以色列根本就没有猴子。不认识的东西,当然也不会出现在故事里。

  今天的科学已经知道,人类来自类似猴子的祖先。但人们确信这一点,所需要的过程十分漫长。150 年前,著名的自然科学家查尔

斯·达尔文宣布，今天生活在世界上的所有动物，都来自以前生活过的其他动物。这一理论开始时遭到了嘲笑。因为在那之前，很多人都相信《圣经》的说法：是上帝创造了动物和人类。在大洪水之后，挪亚方舟停靠在亚拉腊山边——那是土耳其的一座火山。直到达尔文学说发表之前，人们还认为，所有今日生活的各种动物，都是从亚拉腊山走出，迁徙到上帝指定的地方。

我们必须设想一下，按照这个说法，北极熊必须从土耳其穿过整个欧洲迁徙到格陵兰。那它要经受多少酷热的煎熬啊！再看看帝

企鹅吧——它必须从亚拉腊山走到海边,要穿行几百公里的路程,然后再越过黑海来到地中海,从那里穿过大西洋游到南极。真够辛苦的!那么,青蛙和蟾蜍,特别是蜗牛又如何来到南美和澳大利亚的呢?

今天我们知道,植物和动物都是逐渐进化而来的,并随着时间的推移发生着变化。人类也是一样。然而,我们至今还不知道我们最初的祖先是谁。我们所知道的,只是大约四五百万年前,在非洲东部出现了各类不同的猿人:就是古南猿。他们生活在半沙漠、热带草原、小森林和沼泽河滩地带。他们是群居的,不知到了什么时候,古南猿学会了站立行走。再后来,在东非就开始有"能人"居住。他们的大脑要比古南猿大得多,已经更接近人类。再往后就发展成为"直立人"。作为人类的第一祖先,他们从东非向其他大陆扩展,直到东南亚。大约在20万年前,直立人发展成为"智人"。那就是我们。

——奥斯卡,为什么会有你呢?
——因为人是从猴子进化而来。不知在什么时候,就进化成为我的妈妈和我的爸爸,他们就把我生下来了。
——你觉得,人类的产生是必然还是偶然?
——我不知道。
——你可以设想一下,假设古南猿存活到现在,它们今天还会进化

成为人类吗?

——(奥斯卡耸了耸肩膀)

——说实话,我也不知道。但我相信,也可能会进化成为人类,但不会是和我们同样的人类。或许是完全另一种人类吧?

——或许更矮小,弯着腰,身上有些地方长着毛;或者巨大,穿着破衣烂衫;或许相互残酷争斗;或者他们用四条腿走路……

——这听起来就像是北欧童话里的巨神或者海怪。我们可能会变成真正的怪物。你可以设想一下,如果我们长着长长的胳膊和短短的腿,我们的生活会是什么样呢?

——那桌子就得矮一些了,爸爸,也不会有楼梯了。

——是的,或许只有坡道,就像为轮椅准备的那种。

——汽车也会是另外一个样子。

——如果真有这样的人种,他们肯定也不会去踢足球。

——不会,爸爸,只能玩手球和篮球,因为他们的胳膊很长。

——是啊,没有人知道,地球上的生命会如何发展,偶然性完全可以创建另一个世界。

我们的第二个哲学观点就是:

> 人类是偶然产生的。我们没有理由认为,这一切的背后隐藏着什么意义。

这个看法,对很多人来说是不容易接受的。我们在生活中到处寻找意义。难道有可能根本就不存在这样的意义吗?难道我们的存在真是来自偶然吗?正常情况下,我们不论做什么都应该有一个意义。这对我们很重要。我们所以要做一件事情,就是因为有意义,否则我们就会死去。我们和家人及朋友在一起,也是因为这样有某种意义。我们上学,因为增长知识是有意义的。我们工作,因为在我们这个世界,赚钱是有意义的。每种球赛的规则,都是有意义的。我们的语言有意义,我们说的话也是有意义的。

人类可能是生活中如果没有意义就无法生活的唯一动物,甚至那些不是我们创造而且早在我们之前就存在的动物,我们也要赋予它们意义——通过为它们命名。

= 动物的名称是从哪里来的?

在水族馆中
动物的名称是从哪里来的

我们在柏林漫游的第二站,就是动物园旁的那个老水族馆。它看起来相当威严和壮观,外墙还装饰着恐龙浮雕。它的创始人是"动物之父"布雷姆。水族馆内也有不少让人望而生畏的动物。比如毯鲨、角鲨、琴魟,以及我们的老朋友凶猛的虎鲨"妮姬"。

这次我们还是先去看各个水族厅。我们先到巨大的海水鱼池,看看我们的那些鳞甲朋友是否还在。然后去看淡水鱼池,主要感兴趣的,是那些带电的长吻鱼类,我们科隆的家里,也养了一群这样的海洋朋友。世界上所有动物中,它们的大脑与身体的比重最大,因而也相当聪明。

确实,我们在这里看到了长吻鱼类的新成员——来自西非的塔曼杜长吻鱼。在自然界它生活在刚果河里,用它的电触角捕捉猎物。

哲学家与儿童对话

但这种鱼不仅长有串触角,而且确实也长着一个小型长吻,看起来有些像海豚或者食蚁兽。塔曼杜本来就是南美雨林中一种食蚁兽的名称。与著名的大食蚁兽相比,它们的捕蚁器要短些,而且也不像它们的大哥哥那样呈灰褐色,而是黑白相间。这种长吻鱼也是如此。它的长吻中等长短,同样黑白相间。奥斯卡听过我的介绍以后,突然问道:

——爸爸,这些鱼的名称是从哪里来的?
——奥斯卡,我刚才不是给你讲过了吗,塔曼杜长吻鱼,所以叫这个名字,就因为它有些像……
——不,爸爸,我说的不是这个意思。
——不是?
——不是,我是想知道,人们发现了一种鱼,怎么就知道它叫什么呢?
——就知道它叫什么?你是什么意思啊?
——我是说,人们发现了一种新鱼类,怎么会知道它的真正名称是什么呢?人们怎么会知道,它不叫别的名称呢?
——别的名称?什么意思?
——它原本是有自己的名称的,比方它不叫塔曼杜长吻鱼,而是叫噶牙克克什么的?

直到这时,我才明白奥斯卡是什么意思。他是说,每种动物(可能也包括每种植物或者每块岩石)原来就应该有个自己的名称,与人们赋予它们的称呼没有关系。

动物的名称是从哪里来的呢?早在《圣经》里就讲到,亚当是怎么命名动物的。这当然也不完全错,因为所有动物的名称,都是人类赋予的。世界各国人民,都为当地的动物取名,但其他国家的学者却常常赋予同样的动物其他名称。因此,大多数动物都有各种不同的名称。比方在德国被称为"地神"(Erdmännchen)的动物,到了英国就叫"长尾猴"(Meerkat),其实这是来自荷兰的叫法,这真令人费解。因为"地神"并不归长尾猴属,而隶属灵猫科,更接近獴类。这种情况是经常会发生的,因为给动物命名的人并不十分专业。例如河马,并不是马,而是猪的近亲。但首先接触河马的古希腊人,就把它称为Hippos potamos,即"水中的马"。

同样,德国人称食蚁兽为食蚁熊,但它并不是熊,而是和贫齿目的树懒或鳞甲目动物同属,因为它的长吻里没有牙齿。有一些动物的名称则较容易解释,如响尾蛇,因为它遇到危险时尾巴会发出响声,所以几乎在所有的语言里都是如此叫法。还有企鹅,在很多语言里都叫它为Pinguin(德文),尽管这个名字毫无道理。Penguin这个英文词来源于威尔士,是"白头"的意思。但就近去看企鹅,

哲学家与儿童对话

就会知道，它并没有白色的脑袋！Penguin 原本是另外一种鸟的名称，即已经灭绝了的巨型海燕。它的头上确实有一大块白斑。当第一只企鹅来到英国时，海员们立即想起了这种鸟，他们以为，这肯定与海燕是近亲，所以就称其为 Pinguin 了。

还有些动物的名称，不仅起得不合适，而且根本就没有意义。一个有趣的例子就是"馋鬼"（德文的 Vielfrass，即狼獾），有中等狗那样大小。它们生活在北欧一带，是世界上最大的獾类。在拉普兰

的语言中它们被称为 Fjellfräs。而"Fjell"是山岩的意思,"Fräs"则是猫的意思。所以放在一起就是"岩猫"。而德国的学者们为这种动物取名时,显然没有理解那个词的意思。就像玩"悄悄话"游戏时,把一句话耳语传到最后就完全变了样似的,结果"岩猫"就变成了"馋鬼"。在英文里,人们称这种动物为 wolverine,英国的学者显然想起了狼的形象,尽管它与狼毫无种群关系。

但狼獾被称为"馋鬼",还不是唯一以讹传讹的例子。另一个著名的例子就是指猴。这个稀有的家伙,在夜里小心翼翼地穿行在马达加斯加的雨林中,用它长长的指头从树皮中挖捕昆虫。在所有动物中它最像外星人。在欧洲的其他语言里它的名称是"阿耶阿耶"(Aye-Aye)。很长时间人们都不知道这个名字的由来。某些老资料断言,这个名字来源于它夜间活动时所发出的嘶哑的"嗨嗨"叫声。但指猴发出的各种声音实际并不是这样。所以"阿耶阿耶"的名称必然还另有渊源。

然而下面的这个故事是比较可信的:当欧洲的学者于 1863 年穿行马达加斯加雨林探寻未知的物种时,一个当地的向导突然指着树枝喊道:"阿耶,阿耶!"这本是一种高兴和惊喜的呼叫,大概的意思可能是"看那儿,看那儿!"但学者们却以为这就是这种动物的名称。从此以后,指猴就叫"阿耶阿耶"了。

还有一个故事是这样说的:马达加斯加的土著居民认为,指猴

具有魔法力量。这种动物用树叶编成花环当做睡巢。当地的土著居民中流传着这样的故事,说指猴不仅为自己编制这样的花环,而且有时还会把花环送到熟睡的人的头下。如果发生这样的事情,就意味着这个幸运的人很快就会发财。但如果指猴把花环放在人的脚下,那就意味着,这个人已经中了邪,很快就会死去。所以,当地土著人不愿意把它的真名告诉外来的学者。当学者第一次看到这种动物,问土著人这是个什么奇怪的生灵时,他们就回答:"嘿,嘿。"这就意味着:"不知道。"而学者们却认为这就是动物的名称。又由于他们没有完全听清楚,所以最后就成了:"阿耶阿耶"。

所以,指猴原来就叫"看那儿,看那儿",或者"不知道"。但不是每一个外来的动物名称都来源于误解。例如澳大利亚的一种像鸵鸟一样的走禽 Emu(鸸鹋),它的名字就来自雄鸟交尾时发出的声音:"埃姆埃姆"。生活在柏林水族馆里的毯鲨,原本生活在澳大利亚周边的大海中,所以也叫沃伯公(Wobbegong)。在澳大利亚原住民的语言里是"虬髯"的意思。这个名称很恰当,因为它的嘴边长满了尖尖的胡须,作为触角在海底探寻猎物。

最后我们把目光仍然落到了沃伯公身上,它像一块地毯那样平卧在水池的珊瑚砂粒上。我们现在知道了,所有的动物名称都是人所赋予的。奥斯卡还是有点失望。如果它们都有自己"原来"的名字,

不是更好吗？一个只有它们自己知道的名称。我们只能安慰自己说，或许这些鱼类确实如此。它们用耳语相互呼唤着真正的名字，并嘲笑着人类为它们赋予的虚假称号。

动物的名称来源于人类，其实这并不是一个哲学命题，但它却是走向一个重要命题的第一步。因为不仅是动物，世界上的一切名称都来自人类，都是用人类的语言表达出来的。因此，我们的第三个哲学观点就是：

> 我们所看到、听到、触摸到和以为认识到的一切，都是由我们人类命名的。我们这样称呼它们，同时也就认为，它们确实就是这样。

真的是这样吗？

= 为什么没有标名的鼠类更让人有好感？

在 Zoo 动物园

为什么没有标名的鼠类更让人有好感

水族馆后面就是 Zoo 动物园。我们出了水族馆，走向动物园的大门。一座巨大的恐龙石雕，守卫在这里，用阴郁的目光盯着游人。这是一头禽龙（Iguanodon），外文的意思，实际是"鬣蜥牙"。这又是一个出于事故或误解而出现的名称。当学者一百多年前第一次挖掘到这种动物的骨殖时，他们找到了两块尖锐的三角形骨片，每一块都有人的手掌那么大。"这可能就是牙齿吧。"学者们认为。由于这些牙齿很像鬣蜥的牙齿，只是更大——所以他们就把这种动物称为"鬣蜥牙龙"了。很久以后人们发现了这个失误。尖锐的三角形骨片并不是牙齿，而是恐龙坚硬的大趾甲，用以当做武器反击敌人，可以给对方以致命的伤害。而它们的牙齿其实又小又钝，只能用来咀嚼植物。但 Iguanodon 这个名字已经出现在各种书刊上，所以也就保留了下来。

  这些奥斯卡早就知道，因为他是一个真正的恐龙专家，我有时说得不够准确的时候，他经常给予纠正。我们走进动物园的深处，发现了一个有趣的现象：在某些动物前面，许多游人停留的时间很短，比方鹿苑。鹿对于游客根本就没有什么吸引力。可是，猴子、海狮和猛兽那里却恰恰相反。我们不禁要问：某种动物比其他动物更有吸引力的原因是什么呢？当然，原因之一是它们的外形：外形越是奇特、越是庞大、越是罕见或者越是吓人，就越能吸引人。特别受到青睐的是那些喜欢走来走去、相互嬉戏、呼叫喧闹的，如水獭或"土神"。但还有另外一个因素，那就是一种动物是否给人以好感。

  有一座最古老的动物园，位于伦敦的亲王公园里。它是二百年前创立的，比柏林的Zoo动物园还要早，某些老兽舍一直保留到今天。那里有十分罕见的动物，例如巨蜥。一座在岩石中开凿的兽舍里，豢养着致命的毒蛇，如绿色和黑色的曼巴和两条令人生畏的眼镜王蛇。

  在有些动物前，游客会停留很长时间，但在另一些动物前，却常常一掠而过。伦敦的动物学会很想知道，游客在动物身上最关注的到底是什么。于是，他们做了一个试验，向游客提出一个问题：您对哪些动物有好感？伦敦动物园为此制作了50张明信片。每张明信片都有一张动物的照片。例如一只猴子、一头熊或一条蛇。

  动物园请游客按照他们对动物的好感程度，为这些明信片排列次序。最有好感的排在首位，然后是第二、第三，依次排列下去。当然，

最无好感的动物就是十尾。

在一个美好夏日，伦敦动物园的游客们，兴高采烈地参加了这个游戏。结果，他们的意见相当一致，那只可爱的小啮齿动物名列前茅；有些滑稽的丑陋猴子位于中间；而令人厌恶的蛇类则相当靠后，这个结果与动物园的预计大体一致。

第二天，他们再次做这个试验，再次向游客展示带有动物形象的明信片。但这次有一个很大的不同：就是在每张照片下面都标上了动物的名称，因为有很多动物游客根本就不知道是什么，比如指猴长得什么样子？或者夜猴呢？那么狼獾又是什么呢？

然而，奇怪的事情发生了：对同样的明信片，游客们却排出了完全不同的次序。头一天还占据前列的可爱的啮齿动物，这次却一落千丈。原因就是那张照片下面标出的名称是"负鼠"，大多数游客都觉得它相当恶心和难看。头一天很多游客还觉得它很可爱，因为他们当时并不知道这是一个鼠类；而第二天的游客却看到照片下面写着"鼠"字，所以马上就对它另眼看待了。谁会觉得一个鼠类可爱呢？（或许只有那些把鼠类当做宠物，并准确地知道鼠类是最温柔、顺从和聪明的伙伴的人除外。）

同样，对其他动物的评价也发生了变化。原来与捕鸟蜘蛛和瘤猪为伍、位于后列的令人恶心的巨蟒，地位一下子提升了许多。因为在照片下面的名称是"蟒王"。由于英国人对一切与女王和王室有

关的事物都心怀敬意,所以就觉得蟒王不再那么令人厌恶了。

新的夺冠者,是原来那只可怜的丑猴子,因为照片下面的名称是"戴安娜长尾猴"。英国人立即就想到了他们喜爱的戴安娜王妃。英国人非常爱戴她,把她称为"心中女王"。是啊,一只和亲爱的王妃同名的猴子,在英国游客的眼里自然就不再那么丑陋,而是非常非常高贵了。实际上,这种猴类根本就不是以戴安娜王妃命名的,而是一百年来一直叫这个名字。可动物园的游客们却不这样想。他

们只是想:一只"戴安娜长尾猴"——多么可爱的动物啊!

——奥斯卡,你觉得,动物叫什么名字很重要吗?
——是的,比如一匹"驽马"或一匹"骏马"听起来完全不同。驽马是一匹劣等马,而骏马则十分高贵。
——说得很对。说"国王骑在一匹骏马上"和"国王骑在一匹驽马上",听起来就完全不同。
——蝾螈也比水蜥好听!
——是的,尽管它们没有什么区别。蝾螈听起来像是一位波斯王子,而水蜥就像是一堆烂泥。

我们一边思考,一边继续在动物园中漫步。我们不由得开始作起打油诗来。最后,产生了这样一首短诗:

鹭鸶在湖滨亭亭玉立,
蟾蜍在水塘呱呱产卵;
蟾蜍若趴在湖滨怪叫,
则不能产卵必须下蛋;
鹭鸶若立在水塘休闲,
则失去高贵而显寒酸。

当然，有关动物名称，也涉及其他事物和人类。我们每听到一个词，马上就会产生一个概念。听到西格弗里德，我们可能就会想到金发少年，穆罕默德则是黑发壮汉。书籍和影片在这方面的影响很大，坏人听起来就是坏人，好人听起来就是好人。我们很难设想，《星球大战》里的恶人达斯·韦德改名叫洛里或约翰尼；《指环王》中的索龙改叫海因茨或本亚明；哈里·波特改叫伏地魔或者伏地魔改叫哈里勋爵。

我们可以说，名称在与我们"对话"。所以父母都尽量为他们的孩子取一个好听的名字。有时成功，有时不成功，可谁又知道，哪些名字20年后还好听，哪些不好听呢？我们的第四个哲学观点就是：

> 我们如何为事物取名，会影响我们对它的看法，以及在我们身上会产生什么样的感觉。因为我们是根据词汇的发音塑造其意义的。

难道我们人类是唯一这样做的生灵吗？某些动物是否也会这样呢？同样，在动物世界里也存在各种含义，或许也存在动物语言吧！

= 做一只狐蝠会是什么样子？

在 Tierpark 动物园
做一只狐蝠会是什么样子

　　从奥斯卡的角度看,柏林最酷的地方,就是它有两座动物园:一是西部的城市动物园,一是东部的大风景动物园。之所以有两座,是因为第二次世界大战以后,柏林被一分为二,西柏林属于德意志联邦共和国,而东柏林则属于德意志民主共和国。由于原来的柏林动物园位于西柏林,所以东德政府就决定在城市东部再建一座动物园。其结果却令世人震惊。东柏林建起的这座动物园,竟然成了世界上最大的城市动物园,无疑也是最美丽的动物园。尤其令人印象深刻的,是巨型的阿弗雷德—布雷姆兽舍。这里不仅有展示各种猛兽的虎豹房,还有一栋高大的热带厅,里面饲养着色彩斑斓的禽鸟。特别吸引我们的,是那些狐蝠。这些奇怪的家伙,白天大多悬挂在棕榈树叶上,脚掌紧抓,头朝下,蜷曲在它的翼膜当中。但天色一

在Tierpark动物园

朦胧,它们就缓慢扇动沉重的翼膜,像吸血鬼一样滑翔在大厅当中。

——奥斯卡,你还记得,我曾讲过捕捉狐蝠的故事吗?

——记得,那是你在菲律宾时,和妈妈在一起。

——我们当时在班乃岛的一个科研站工作。我们几名科研人员在晚间朦胧时在一块森林空地上布网捕捉狐蝠。然后对它们进行了研究。

——它们可爱吗,那些狐蝠?

——有的挺可爱,看起来就像是小毛绒玩具。但有的也很凶恶,真的很像是吸血鬼。特别是那些黑色的小型狐蝠。它们发出尖锐的叫声,并用尖利的牙齿咬人。

——可是,狐蝠并不吃肉呀?

——是的,它们的牙齿是用来咬碎坚果的。但我想问你:你能设想自己变成狐蝠会是什么样子吗?

——我不知道……

——你每次看完恐龙电影后,不总是要模仿恐龙吗?

——是的。

——也就是说,你设想自己变成了一头恐龙,弯着腰在地上蹒跚行走,还像恐龙那样吼叫,就像影片里那样。那你能不能也设想变成了一只狐蝠呢?

——学学展翅飞翔抓可以,爸爸,但用脚倒挂在一根树枝上……我不知道。其实是做不到的。那就必须脑袋朝下,不,我做不到。爸爸,狐蝠也像蝙蝠那样靠回声掌握方向吗?

——大多数不是。只有一个特殊的品种是这样:那就是玫瓣狐蝠。它们用舌尖振动制造回声,有点像吧嗒嘴。但其他的狐蝠则不需要回声指路。它们有很灵敏的视力和嗅觉。一只成熟的果实,它在几公里之外就能够闻到。你能设想自己也有这样的嗅觉吗?

——不能,爸爸,当然不能。

——是啊,你看,我们现在又有了新的判断:动物能够做到的很多事情,我们都做不到,甚至无法想象。你知道这是一个非常著名的哲学命题吗?它是美国哲学家托马斯·内格尔提出来的——当时我才刚十岁——他的论文题目就是:"做一只蝙蝠会怎么样?"

1974年,现在是纽约教授的托马斯·内格尔发表了他的论文,标题是:"做一只蝙蝠会怎么样?"但内格尔并不是动物学家,而是一位哲学家。他并不想全面描述蝙蝠如何生活,吃什么,如何繁殖,或者如何用回声做向导。他想要知道的,是做一只蝙蝠会有什么感觉。蝙蝠的脑子里在想什么?它们有时会感到幸福或悲伤吗?蝙蝠有愿

在Tierpark动物园

望吗?它们有恐惧吗?它们有思想吗?蝙蝠会为什么而高兴呢?它们有情绪波动吗?一只蝙蝠会有情绪不好的时候吗?

不管怎么说,蝙蝠也有自己的体验。但这种体验是什么呢?蝙蝠是脊椎动物,和我们人类一样。它们不像青蛙、蛛蛛或蚂蚁那样距离我们那么远。但我们是否因此就可以设想一只蝙蝠是如何体验世界的呢?

当然,我们也可以设想把眼睛蒙上,通过回声体系在夜里飞翔去捕捉蚊虫会有什么样的感觉。我们可以尝试去描写,但肯定很困难。那么最终会有什么样的结果呢?——我们会有一个大体的设想,

但也只是一个人把自己当成蝙蝠时会有的感觉。我们能够因此知道，当一只蝙蝠作为它自己的时候是什么样的感觉。

对人来说，盲目地四处乱飞，肯定是一种滑稽的感觉。因为在正常情况下，我们是不会这样做的。我们走路的速度较慢，而且是睁开眼睛的。但对蝙蝠来说，觉得这种乱飞完全正常，一点都不滑稽。蚊虫和飞蛾，我们一点也不会觉得好吃——但蝙蝠却很可能喜欢吃这些昆虫。至少我们可以猜想，它们不会因此而感到恶心。

一个人把自己当成一只蝙蝠，和一只蝙蝠作为蝙蝠，感觉肯定是完全不同的。一只蝙蝠作为蝙蝠会怎么样，我们无从知道。而一只蝙蝠也可能无法设想，做一个人会怎么样。直立行走，而且还得睁着眼睛！例如一只蝙蝠无法分辨颜色，它又怎么能够设想可以看到颜色呢？

我们面对一个谜团。我们根本就无法设想做一只蝙蝠会怎么样。但我们却可以肯定地说，一只蝙蝠能够感觉到自己的存在。但如何感觉——对我们人来说，永远是一个秘密！

——奥斯卡，蝙蝠知道自己是蝙蝠吗？
——这我得好好想想。我不觉得，一只蝙蝠比一只猴子还聪明。
——人可以对所见所闻进行思考……
——也就是说，人可以思考一头大象的问题。

在Tierpark动物园

——人也可以对见不到和听不到的事物进行思考。比方你可以思考，今天在动物园有哪些感受。

——是的，爸爸，我可以。

——你也可以思考以前发生过的事情。或者以后才能发生的事情。

——比方我的生日。我将做什么……

——正确。但你也可以思考根本就没有也不会有的事情。

——比方我的一千岁生日。

——你能想象吗？

——比方说：来祝贺的都是些年老的客人，然后还要吃现在不会有的饭菜。世界可能完全是另外一个样子……

——你能想到这些吗？

——是的，爸爸。我晚上睡不着觉的时候，就会这样想。

——而狐蝠很可能就不会这样。在它们的世界里，肯定不存在过生日和年老客人。我又想起了塔曼杜长吻鱼。它们通过电波相互沟通：嘎嘎、吱吱、嘶嘶……但它们这时的感觉是什么，我们可能永远也不会知道。但对狐蝠来说，它们可能也永远不会知道，人的脑袋里在想什么……

——它们肯定不会知道。

——对，肯定不会知道。我敢肯定，狐蝠脑袋里想的，不会是

33

我们如何看待它的问题。狐蝠所关心的,很可能是在方圆几公里内哪里有成熟的果实。你也关心这样的事情吗?

——也许吧,比方西瓜,或者草莓。但爸爸,不是这样的,我大多在思考其他问题。

——比方我,刚刚在想我们应该回家了。我们还有很长的路要走。所以我在想地铁车站,而不是水果。

我们的第五个哲学观点就是:

> 每一种动物,只能想它的大脑所允许它想的东西。嗅觉好,那么,味道就显得特别重要;视觉好,就用眼睛体验世界。人有"人的事",狐蝠也有"狐蝠的事"。其他生物的感觉和思想,我们只能猜测而无法知道。

我们人类有时会以为,我们什么都知道,而且比动物聪明很多很多。而我们以为的完美,是根本就不存在的。动物的很多体验,我们根本就无法感觉。另外,即使我们人的大脑,也不可能同时想一切事情。我们只能思考某种特定的事情,而不是其他……

= 为什么大猩猩会隐身不见了?

在地铁中
为什么大猩猩会隐身不见了

每次从动物园里出来,总有一种奇特的感觉。园区很大,是一个隐蔽的世外桃源。但如果从"熊橱窗"旁的大门走出去,整个世界却完全是另一个样子。喧闹而宽阔的大马路,承受着无数车辆轰鸣的挤压。而周围则被灰色高楼森林包围着,这里是柏林最繁华的弗里德里希费德街区。

奥斯卡和我很快走进地铁车站,通过长长的地道前往站台。地道墙壁上镶有动物图像瓷砖,在提醒我们上面就是刚刚去过的动物园。然而,最深刻的图像,却是留在我们头脑中的图像。奥斯卡每次经历较多时,总是需要很长时间进行消化。他沉思着坐到站台的长椅上。列车进站时,他也只是机械地跟着我进入了车厢。好长一段时间我们都默默地坐在那里,列车穿过法兰克福大道和卡尔·马克思大道,然

后是利希滕贝格区议会、坞格达莱娜大街、职工草原……整个路程走了几乎半个小时。奥斯卡一直坐在我身边,就像是沉入了水底,满脑子装着那么多印象,几乎无法和他说话。

在哈克市场下车时,我问他:

——你看到和我们一起上车的那个带着自行车的人了吗?

——什么?

——我是说,那个穿着红衬衫带着自行车的男人。

——没有,爸爸。

——车厢里和我们一起乘车的有多少人?

——不知道。

——好。或许问题提的不对。那你能够说出我们经过的各个站名吗?

——不,不能。

——至少说出一个来?

——不,不能。

——但如果我事先让你注意上车的人,那你肯定会记住那个带自行车的男人。

——没错,爸爸。

——如果我事先让你注意各个车站,那你肯定会记住几个站名。

——是的。至少两三个，或许更多。

——由于我事先没有向你提出这个要求，所以有很多东西你记不起来。而且，尽管你看到了有人进了车厢，也听到了通报的各个车站名称……

——是的，可我没有关注这些。他们也没有引起我注意。

——正是这样。如果不引人注意，就不会被人记住，尽管看到和听到了。你的大脑甚至已经把它们储存了起来。因为你的大脑会储存所有你看到、听到、闻到、尝到和感到的一切。但你不会接触它们。你可以设想有一个关闭的抽屉，东西都在里面，但你无法把它们取出来。原因是你的注意力不在这里。你知道吗，有时会发生极其疯狂的事情，可你却没有丝毫察觉。

如果我们的注意力只集中到某个特定的事情上，那我们的大脑就可能对其他事情没有任何反应。甚至包括我们周围发生的最激烈的事情。这方面一个最著名的例子，就是两名美国科研人员十年前做的一个实验。他们请来很多人到一个房间看一部影片。影片中两支球队进行比赛。其中的一支穿着白色球衣，另一支则穿黑色球衣。两支球队都把球扔到自己队员当中，让球在地上弹起来，就像篮球比赛中运球一样。科研人员要求观众计算球在白队中弹起的次数，

这并不是很难的任务。观众们集中注意力去数球：一个、两个、三个、四个、五个……影片结束后，科研人员请观众说出答案。由于大家精神十分集中，所以几乎所有的人都说出了准确的数字。

观众们对能够说出正确答案感到自豪。可科研人员却提出了另一个问题：在看电影时，是否发现了什么特别的事情？大多数人都摇头。特别的事情？不，为什么呢？能有什么特别的事情？他们看到的只是一只球在黑白球衣的队员当中传来传去。

科研人员让观众再看一遍这部影片。但这次不再要求他们数球，而是放松精神观看影片。观众们突然喊了起来，因为突然球场上两支球队之间窜进了一头大猩猩，它在球场中央不知所措地拍打着胸脯。当然，这不是真正的大猩猩，而是一名妇女穿着道具服装扮演的大猩猩。奇怪的是，这影片就是他们刚才看过的那部。第一次看时，人人都把注意力集中在数球上，几乎没有一个人看见这只大猩猩！

科研人员又进行了第二次实验。这次的对象当然是新的观众。他们布置了同样的任务：计算球在地上弹动的次数！但让他们只注意黑衣球队。结果发生了变化。只有三分之一的人没有看到大猩猩。扮演猩猩的那个妇女所以会引起黑衣球队观众的注意，是因为猩猩的颜色也是黑色的。而第一批观众却只是关注了白球和一切白色的东西，所以就忽略了黑色的大猩猩。

——奥斯卡，你能够设想，如此奇特的大猩猩竟然会被忽略吗？

——不，很难设想。

——你知道原因是什么吗？你现在再设想一下，你坐在一辆汽车里，夜晚行驶在乡间小路上。汽车的探照灯所照射到的地方都是很亮的，但其他地方则是黑暗的。这很像是我们的注意力。例如刚才提到的携带自行车的那个男人，就是处于黑暗当中，或者处于地铁车站的站牌下。

——我正在想其他问题，想动物园什么的。

——你还记得我们夏天休假时挨饿的情景吗？

——饿得我都要趴下了，我当时感觉很不好。

——所以我们的注意力都集中到了吃的东西上。你还记得我们驶过了多少红绿灯吗？

——不记得，因为这对我们并不重要。

——就是。对某件事情越是关注，就越会忽略其他事情，但它却仍然会储存在我们的大脑里面——只不过是隐形的。我们的大脑分门别类地储存我们的经历。把它们放在两个不同的抽屉中：有意识的和无意识的。第一个抽屉是有意关注的事物，第二个抽屉是没有关注而得到的事物。这对所有人都是如此，除非……

——除非？

哲学家
与儿童对话

——你还记得我给你讲过的所谓"疯狂超人"的故事吗?
——记得,就是洛杉矶的那个只要看到的东西都能记住的人。那个乘直升机的人……
——就是他,他的名字是斯特凡·威尔特希尔。他乘直升机在他从未去过的罗马上空飞行了一个小时,然后用了一星期的时间,把他在空中看到的东西画出来。他绘出了一幅精准的罗马鸟瞰图。上千座房屋,他都准确无误地绘了出来,甚至如数绘出每栋房屋的窗子、每棵树木和每个红绿灯。
——我可不愿意成为"疯狂超人",爸爸……那样就会记住一切可怕的东西,就很难再融入到这个世界了。

在地铁中

——是的。我也不想成为疯狂超人,而且我们确实也不是。超级疯狂,就不再区分轻重缓急,因为他记住一切,而且一切对他都同样重要。

——那也就无法和他进行交流了。

——是这样,奥斯卡。因此你的大脑和我的大脑储存的东西,有些立即封存在抽屉里,这是最好的办法。但有时也会发生这样的情况:你会突然想起原来完全忘记了的东西。你有过这种情况吗?

——是的。就是诱发因子(EHEC)起了作用吧。

——你还记得这个概念?

——就是在我们谈话中突然想到了这个概念……

——你看,这就是一个最好的例子。有时似乎根本就不在脑子里的东西,会突然就冒了出来。

我想,现在可以把我们的第六个哲学观点写出来了:

> 人类的注意力是有限的。我们的大脑既储存有意识的事物,也储存无意识的事物。有意识事物的储存我们可随时记起,而无意识事物的储存我们大多无法取出。

哲学家与儿童对话

这时我们已经到家,还没有开门之前,我让奥斯卡先看一眼门铃旁所写的普雷希特的门牌。

——奥斯卡,谁住在这儿?
——我们,爸爸。
——谁是"我们"?
——你和我。
——奥斯卡,你怎么知道谁是我呢?你认识这个"我"吗?还是你只是感觉你就是"我"?

= 我是"谁"?

在技术博物馆里
我是"谁"

德意志技术博物馆是柏林舍恩贝格区的一栋巨型建筑，以前它是货运火车站。废弃的铁轨至今仍在，鹅卵石路面上已经长出了野草。在博物馆的主楼里，还可以看到悬挂在屋顶的各类飞机、已经退役的机车和古老的船只。

一个特殊的展厅，是侧翼楼中的"电磁科学中心"。这里向观众展示复杂的电流和磁场现象。每一个项目旁边都设有相应的实验台，供观众亲身体验。特别吸引人的是"感受和视觉"展厅。很多人都特别喜欢那间"巫婆屋"，奥斯卡更是如此。这是一组封闭的套房，包括一间起居室和一间厨房，餐桌旁摆放了很多椅子，供观众落座。这个"巫婆屋"的特殊之处，就是整个房子会突然旋转起来。观众可以看到墙壁快速移动，地板突然消失。尽管观众都坐在椅子上不动，

但仍然会产生一种似乎要掉进深渊的感觉。奥斯卡在"巫婆屋"里觉得特别开心，特别爱看我难受的样子。

另一个展厅的名字叫"感觉和观看"，这间实验室里所展示的，都是看来如此实际却不是如此的东西。有时我们的眼睛告诉我们的世界图像，与科研人员所看到的并不相同。比方说，天空是蓝色的，其实并不如此。比方在"巫婆屋"里，椅子前后摇摆——实际也不如此。正像我们的注意力往往只关注世界的某一部分一样，我们的眼睛也只能看到世界的某一部分，而且有时还是错误的。

我们的大脑，毕竟曾是猴子的大脑，当然我们也得承认，是非常聪明的猴子。所以我们和猴子一样可以看、可以听、可以闻和可以尝。假如我们的近亲是鲨鱼，那我们就能感觉到我们周围的电磁波。我们也不能像很多鸟类那样看到紫外线，一头熊可以在数公里之外闻到味道，一只猫头鹰可以在数公里的高空听到一只田鼠在雪下行走的声音，一条蛇可以感到远处动物的体温，所有这些，我们都不能。但仍然有些方面，我们人类要优于其他动物。我们可以想出根本就不存在的东西来。或者我们可以想到几百年后可能发生的事情。或者思考别人告诉我们的那些在很久以前发生的事情。我们虽然不知道做一只狐蝠会怎么样，但狐蝠的想象力却远不如人类，人类很可能是最具想象力的动物。而人类所能做出的最重要的想象，就是有关自己——即"我"。

那么，人为什么要描绘自己呢？一个"我"，到底是什么呢？在科学中心入口处，摆放着两面大镜子，里面的影像不断变化和扭曲。如果镜子鼓起来，观看者就会变得又小又胖，或者长着一双大脚，或者有无限长的胳膊。尽管如此，我们仍然能够认出我们自己，即使面目全非也不要紧。我们知道得很清楚：虽然现实中我不是这个样子，但有一点很清楚：这就是我！其他动物也能做到这点吗？

大约四十年前，一些科研人员就给动物做过所谓的镜子试验。人们把一只动物放在镜子前面，看它是否能够认出自己。一条狗能够看出镜子里是自己吗？还是以为是另外一条狗呢？然而，我们怎么才能证明这一点呢？因为我们根本就不知道，狗的大脑里在想什么。

一般情况下，科研人员采用一种特殊的技巧。他们在动物脑门上或胸脯上画一个红点。然后就要看看，动物是抓自己身上的红点，还是关注镜子里的红点。人类的小孩要到两周岁才可能认识这种差别。一个一岁的婴儿，不可能知道，那个红点就在自己的脸上。他会以为，带红点的影像是另外一个孩子。他还不能想到去摸自己的脑门。而一个两岁的孩子在镜子里却已经能够认出自己，会用手摸自己脑门上的红点，或者试图把这个污迹抹掉。

那么，动物会怎么反应呢？大多数动物不会认出自己的。一条狗只能对着镜子里的狗吠叫，以为那是另外一条狗，希望它来和自己玩耍或把它赶走。同样，猫也不能在镜子里认出自己。然而，确实有些动物和人一样能够认出自己。纽约动物园的工作人员让一头大象看镜子。开始时，大象用长鼻子捶打镜子里的影像，但过了一段时间，大象却认出了自己。它发现了镜子中的大象脑门上有一个红点，最后就尝试着用长鼻子抚摩自己的脑门。还有鸦科鸟类，例如喜鹊，也能在镜子里认出自己。人们在它的白胸脯上画一个红点，

然后在鸟巢里放一面镜子。喜鹊在镜子里发现红点，立即就开始关注自己胸脯上的污迹，而镜子里的影像，它却毫不理会。

同样，海豚显然也可以在镜子里认出自己。它们在镜子里看到自己的形象，立即就会做个怪脸或特殊的姿态，就像有些孩子（也包括一些大人）在镜子前所做的那样。

那么，我们的近亲猴子怎么样呢？对卷尾猴，科研人员还没有把握。有时它似乎认出了自己，有时又没有。同样，对猕猴情况也不是很清楚。不久前还认为，它们在镜子里认不出自己。在它们脑门上偷偷画一个红点，然后给它们看镜子，它们几乎毫无反应。但最近科研人员做了另一个试验。他们给猴子戴上耳机，然后再让它们看镜子。你看——猴子开始关注起自己来，立即就开始抓挠自己的脑袋。

但在猩猩、黑猩猩身上，科研人员却得到了确认。很明显，它们在镜子里认出了自己。看到自己在镜子里的图像时，它们立即就会像人类孩子那样做鬼脸，并显得很开心。

但大猩猩有些特殊。除了黑猩猩外，大猩猩也是我们的近亲，它们也具有相应的智商。但尽管如此，很多科研人员却认为大猩猩认不出镜子里的自己！

既然它们那么聪明，为什么会这样呢？好吧，大猩猩可能确实认不出镜子里面的自己，但却有另外一种现象引起人们的注意。长

期观察大猩猩的科研人员,发现这种动物几乎从来不相互对视。即使偶尔看见了对方的眼睛,也会立即移开。科研人员估计,大猩猩所以这样做,可能是为了避免引起争执。大猩猩比黑猩猩更为温顺,它们几乎不做怪脸,对其他大猩猩的表情也不做出反应。简而言之:它们尽量避免相互亲近,试图以此避免一切冲突。

对一个大猩猩来说,镜子里自己的图像显然无关紧要,可能是因为它们平时对别的大猩猩的表情不做任何反应,当然也包括对自己的表情。我们唯一知道的,就是它们对这样的试验表现得无所谓,甚至觉得尴尬和不舒服。

——奥斯卡,你很乐意照镜子吗?

——是的,我也很乐意做怪脸,或者装出很蠢的样子……

——你能够认出镜子里的自己吗,奥斯卡?

——当然,爸爸。

——是的,对人来说是理所当然的事情。可为什么呢?

——因为我们人类有思想。

——很对。可是,能够想到是"自己",就必须事先知道,我自己到底是谁。好吧,我们换个提法:难道真的有"我自己"吗?

——我不明白,爸爸。这是个很难理解的问题。

——噢,这其实并不难。如果我现在问你:你是谁?你会怎么回答呢?

——我就是我。

——好,可是,你从哪里知道,你就是你呢?

——(奥斯卡迟疑了片刻)我一时真想不出答案来。

——尽管你明确地知道,你就是你。答案很难吗?这不是很奇怪吗?我现在提一个方案。我会这样回答:我知道,我就是我,是因为我有某种感觉,而且知道这是我的感觉,因为此时此刻没有其他人会有同样的感觉。难道在你身上不是这样吗?你就是你的感觉只属于一个人,对不对?

——在我这里,我觉得是思想。

——你这是什么意思,奥斯卡?

——我在思考别人当前不会思考的某个问题。我在头脑里构筑一个别人不知道的世界。

——是谁在这样做呢?

——是我!

我们人类知道我们是谁,因为我们的感觉、思想和记忆有一个所谓的中心——那就是我们的"我"。由于我们知道,我们就是"我",所以我们才能够做出难以想象的事情。例如我们即使装扮成大猩猩,

仍然可以认出我们自己。我们也可以在哈哈镜里认出我们自己。我们可以从早期的儿时照片中认出我们自己，甚至在我们妈妈肚子里的超声波图像中认出我们自己。那时我们只有几厘米大，但我们清楚地知道——这就是我！即使是在我们骨骼的 X 光照片中，我们也知道，这就是我们自己——尽管我们实际上根本就看不出来这个结果。医生完全可以调换一张别人的 X 光片。所以，这个"我"并不是因为我们看到了与自己的相似之处才确认的。我们的"我"更多的是取决于我们对自己听到了什么，以及我们对自己知道的事情。

我们的第七个哲学观点就是：

> 所有的人，只要没有严重的精神疾病或精神障碍，都对自己称呼"我"。然而，这个我到底是什么，却不是那么容易就说得出来的。

因为……

= 我真的是我吗？

在马灿区的迷宫里
我真的是我吗

今天,我们要去马灿一游,这是柏林的一个市区。没有去过马灿的人总以为,那是个很可怕的地方,他们想到的是高楼大厦、钢筋水泥、贫穷和犯罪。而实际上,马灿是一个有多种面孔的城区。这里不仅有一条或许是柏林名称最响亮的街道——"宇航员大街",而且城区内还有一个小小的村庄,那是马灿最古老的地段。这里还有一座供人休闲的大公园,公园里有"世界园艺展"。园艺展内建有中国园、日本园、韩国园、缅甸园、中东园和一座文艺复兴园。它们都很美,是用各种园艺风格打造的一个个宁静的绿洲。当我们沉浸在一座中国庙堂中,观望水中的倒影,就会忘记周围高楼云集的城市,这确实是一种奇特的感觉。或者,当我们穿行一栋15世纪的朝鲜农舍"静园",我们就会产生完全进入了另一个时空的感觉。或许真的会有一位古老的

哲学家与儿童对话

智者从墙角处走来,头上梳着发辫,身上穿着白色的朝鲜长裙……

对奥斯卡来说,游览的高潮当然是园中的迷宫。它和英王亨利八世在伦敦郊区汉普顿御花园中修建的迷宫几乎一模一样。一走进去,我就向儿子提了一个问题:

——奥斯卡,告诉我,如果你在前面的拐弯处遇见一个男孩,和你长得一模一样,你会有什么样的反应呢?
——我会问他叫什么。
——他回答说:奥斯卡·约纳坦·普雷希特,和你的名字一样。你觉得怎么样?这是不是一次很美妙的邂逅?
——有点恐怖!
——为什么呢?
——和另一个人完全一样,总会产生一种怪异和不舒服的感觉。
——对,奥斯卡,如果是我,也会如此。我们昨天在技术博物馆谈到了关于"我"的问题。特别谈到了,我们是否可以从水中的倒影认出自己,以及为什么会这样。但我觉得,我们的"我"中还包含很多其他内容。比如是否也包括自己有些特殊——有些独一无二的感觉呢?

现在让我们设想一下,你从小就被外星人劫持。比方说在一岁

左右吧。外星人照顾你，为你提供一切可以维持生命的条件：他们给你食物和饮料，让你不受冻，呼吸健康的空气，给你睡觉的床铺，如果你生病了，还会提供良好的医疗。

但外星人没有给你起名字，他们也不跟你说话。如果他们想让你做什么或不许你做什么，只用手势表示。由于他们不跟你说话，所以你既没有姓氏也没有名字。你不知道你的父母是谁，也不知道你的祖父母是谁。你不知道出生在哪个城市和哪个国家，甚至不知道来自哪个星球。即使飞船恰好飞过你出生的星球，你也不会有任何感觉。没有人为你讲述你的故事，也不会告诉你小时候的情况。没有人告诉你，你是什么时候开始笑的，或什么时候开始顽皮的，以及你的个性是什

哲学家与儿童对话

么。这些个性,你至今也不知道。外星人与你用手势进行交流,在手势世界里,只有看得到和摸得到的东西:房间、窗户、星球、星斗、床铺、食物。指指水杯是"喝"的意思,指指床铺,是"睡觉"的意思。

可这一切对你意味着什么呢?在手势中没有明天和后天,也没有昨天和从前。也就是说没有过去,也没有未来。因为没有词汇,所以你的大脑里也没有可以进行思考的工具。你永远生活在此时和此地。你无法想出一个小故事,因为你没有词语。没有语言,就无法讲述看不见和摸不到的事情。你能够模糊感觉的东西,却无法形成正确的图像:没有爱、没有忠诚、没有渴望也没有孤独。很可能你连地球上亿万人每天都在做的事情都做不到:你不会说"我"。

——是的,爸爸,根本不会说"我",其实什么都不会说。
——你不会记住任何单字和句子,而只能记住手势。除此之外,你什么都不知道。例如放在嘴里的东西不好吃,你会怎么样?你如何向他人表示呢?
——(奥斯卡伸出舌头)呸呸呸!
——词语对你毫无意义,包括你的名字"奥斯卡"。
——我根本就不存在。
——在你的头脑里,根本就没有"奥斯卡"这个概念。你或许只有一种感觉,就是你而不是其他人。但什么是你特有的东

西，你却不知道。同样你的喜好也不是应有的样子。你有很多喜好，对吗？

——骑士、印第安人和牛仔，猛禽、恐龙、星球大战、哈里·波特、功夫熊猫、足球、海盗、魔幻人物、鬼怪……

——你认识和你喜好一模一样的孩子吗？

——不认识。

——谁是你最好的朋友？

——雅斯佩、扬－保罗、罗宾、奥勒、洛伦茨、路易斯、尼科。

——你和他们在一起时都干些什么，都谈论些什么呀？

——关于星球大战，但其他人和我的喜好不完全一样。

——但有些是共同的？

——尼科喜好足球，洛伦茨也喜好足球，还有雅斯佩和路易斯。

——那恐龙呢？其他人也喜好恐龙吗？

——尼科，但不如我。

——那么猛禽呢？

——就没有别人了。

——但你很喜好。你可能会认识很多别人都不知道的稀有猛禽。

——加利福尼亚神鹰、阿普洛美达猎隼、马达加斯加蛇鹰……

——奥斯卡，你觉得有多少人，例如在柏林知道这些猛禽呢？

——或许有十个人吧？

55

——是的,有可能,也许有一百个人,但不会更多了。而有很多人知道我们一点都不知道的东西。例如有的人知道所有手机的品牌,或者所有汽车的型号,还有些专家对硬币或邮票了如指掌。他们头脑里积累的知识和思想,只存在于他们的头脑里。每个人都是一个独特的稀有混合物。

——也就是说,是一个濒临灭绝的品种?

——好,可以这样说。我很喜欢这种说法:每个单个的人,就像你说的那样,都是一个濒临灭绝的品种!但我们所以如此独特,只是因为我们与其他人进行了比较。

由此,我们今天得到的哲学论点就是:

> 我们知道自己和别人不一样。如果没有别人,我们也就不会知道,我们完全是独特的。这是因为,我们的"我"是通过比较而产生的。

又到了该回家的时间了,我们这两个濒临灭绝的品种该去吃饭了。明天我们还要进行一次长途旅行。另外,我们还将打开这本哲学书的新篇章。我们将要彻底思考一下善与恶的问题,以及为什么我们有时对人友善,而有时又不呢。

做好事与我

在友谊岛里

大脑里有道德吗

在柏林郊区最美好的经历,就是泛舟在滕佩林湖上。在野草丛生的岸边,隐匿着普鲁士王朝时期的老建筑。如果想租赁独木舟或双桨赛艇去游湖,大多数情况下,要从波茨坦中心区的友谊岛码头出发。这座小岛有一段动荡不安的历史。弗里德里希·威廉一世国王时期,它曾被一道高高的围栏隔断。这位普鲁士的君主有一个著名的绰号"士兵国王",修这道围墙是为了防止士兵逃跑。普鲁士军队的训练是臭名昭著的,当兵简直就是受罪。后来,围墙被拆除了,这里开办了一家旅游饭店,取了个美丽的名字叫"友谊岛"。著名的园艺家卡尔·弗斯特在这里开辟了一座公园,一年四季都有鲜花绽放。

今天,有很多游客来到友谊岛休闲度假,这里也是波茨坦一处最好的娱乐场所。奥斯卡和我每次来这里游玩时,很难想象此地及

其周边曾是一片废墟。第二次世界大战期间，这里到处都是战壕和沟堑，变成了一个大兵岛。

2010年10月，附近的巴贝格大街的居民，不得不再次记起战争。七千多人被疏散，幼儿园全部关闭，养老院的居民也必须更换住处。从波茨坦火车站出发的火车停驶，公路上也没有了汽车的踪迹。

这是为什么呢？原来是在附近的努特河的河道里，发现了一颗250公斤重的炸弹。它是一颗第二次世界大战期间掉进河里未爆炸的炸弹。这回布兰登堡爆炸物打捞队的专家们有事干了。正常情况下，战时遗留的炸弹去掉引信就可以排除危险了。但这次却行不通，因为这个危险的怪物躺卧在1.3米深的水底。

怎么办呢？如此大的炸弹如果在陆地上引爆，就会炸成一个10米深、15米宽的巨坑。这将是一个比一栋居民楼工地还要大的窟窿。于是，专家们把一包炸药绑在炸弹上，然后再用木排把40捆重达9000公斤的干草运到炸弹所在的水面，这样炸弹爆炸时，碎片将留在水下，而不会升上高空。然后，人们小心翼翼地引爆了炸药……

一声巨响震撼了空气，河中升起了巨大的黑色水柱。波茨坦和巴贝格的房屋墙壁都摇晃了起来。然后，一切都过去了。专家们获得了成功。

我讲这些时，奥斯卡显得很好奇。他还想知道，如何去掉炸弹

的引信,以及如果引爆会造成多大的破坏。我一边讲,一边把目光越过友谊岛上的花园投向远处的尼古拉教堂。它的拱形屋顶让人想起了华盛顿著名的美国国会大厦。我们甚至可以设想,这里就是美国。突然我的脑子里出现的很多东西都交织在了一起——美国、爆破和我们所在的友谊岛。我想起了一个与所有这些都有关的故事。这同时也是一个哲学家很关注的故事。

1848年9月13日,是很美好的一天。午后的阳光明亮而热烈。菲尼亚斯·盖奇从早上一直工作到现在。盖奇是个爆破专家,是铁路公司中最得力的一名员工。

他现在的任务,就是要爆破挡在新铁路线上的山岩。佛蒙特的铺轨工人们已经接近卡文迪什城外。铁轨很快就要穿过新英格兰各州,拉特兰的旅客们已经充满期待,准备乘火车前往200英里以外的波士顿。

为了爆破山岩,工人们要在岩石上打出很多又深又细的洞孔。然后把高效黑火药塞进去,最后放入一根导火索点燃。但为了让炸药的爆破力向各个方向均匀释放,还必须在引爆前往洞孔中塞进沙子夯实,防止爆破力单向朝洞口冲出。

但如何把塞进孔中的沙子夯实呢?这就是盖奇的任务。他用一根两米长的铁杵插入洞孔中,然后把沙子打实,再塞进导火索。之

后让工人们退到安全地带，山岩随之被爆破。

然而，在9月的这一天，一切却都变了样。盖奇在一个新钻孔中塞进了火药和导火索，然后命令助手往里面塞入沙子。他随手抓起铁杵想夯实沙子，这时，身后突然有人和他说话。盖奇转过身去和他交谈，同时习惯性地把铁杵插进孔中。但他却没有察觉，他的

助手还没有把沙子塞进去。盖奇一边说笑,一边用铁杵向洞孔里的黑火药捣了起来。由于铁杵是金属的,碰到岩石上撞出了火花,而其中的一个火花点燃了火药……

洞孔里的火药一下子爆炸了。巨大的力量把铁杵反弹出来,穿透了盖奇的面颊和大脑,从天灵盖飞了出去,落到了30米以外的地上。午后的阳光照在山岩上,铁路工人们站在那里都吓呆了。只有少数几个人敢于走上前去,但他们却看到了难以置信的场景:菲尼亚斯·盖奇还活着!

天灵盖上带着一个洞,盖奇竟还清醒着。尽管开放的伤口里涌出鲜血,他还能够向同事们讲解事故的原因。工人们把他抬上了牛车。他直坐在车上,被送到一公里以外的旅馆。他是一个坚强的家伙。工人们惊奇地看到,他竟自己爬下车,坐在旅馆里的一张椅子上等待着医生的到来。他对赶来的医生说:"这里有很多工作需要麻烦您了,大夫。"

今天,在哈佛大学的陈列馆里,还存放着盖奇的头盖骨。这给科学界带来了无限的疑问。出事的时候,盖奇25岁,后来他又生活了13年,始终带着那个可怕的伤口。

盖奇还保持了听觉和视觉,没有瘫痪也没有残疾,只是失去了左眼。但他还一直可以正常走路和说话。当然不能再担当爆破任务了。盖奇先是在一家养马场找到一份工作,可不久就被炒了鱿鱼。在无

助的情况下,他曾在新年集市上进行演出,在博物馆中扮演稀有展品,手拿铁杵进行演示。后来他去了智利,在一家养马场充当车夫。1860年,他去了三番市,在那里四处流浪,最终得了癫痫症,死于38岁。人们把他和那根铁杵一起埋葬。从此他们再不分离。

但当年的铁路员工,在这个意外事故之后发生了巨大的变化,他的性格彻底变了样!原来的他性格温和,深受同事的爱戴。但事故以后,他却变成了另一个人:无情和缺德。他无所顾忌地欺骗和说谎。不断挑起争执,常常无法控制自己的情绪,甚至经常与人斗殴。

到底发生了什么呢?大脑受伤会使一个好人变成一个骗子、混混和罪犯吗?

这期间,人们用各种方法对盖奇的头骨进行了检查。脑科专家哈娜和安东尼奥·达马西奥得出结论说,他大脑中主管性格的皮质遭受毁坏。他们认为,盖奇失去了对己和对人的责任感。他大脑皮质的某个区域,即左眼旁的腹正中区(ventromedial region),在爆炸中全部毁掉。因此,菲尼亚斯·盖奇变成了一个反社会者。

——奥斯卡,你觉得这个故事如何?
——太残酷!
——你能设想,一根铁杵从脑袋穿过,就变成了一个坏人吗?你觉得,我们从中能够学到什么呢?

——哎，不能玩火药？（奥斯卡笑了起来）

——你说得对。可这个故事中关于大脑又说明了什么呢？

——里面有一个部分是主管感情的……

——是的，腹正中区是大脑皮质中的重要部位，专司加工感情。因此你才能知道什么是对什么是错，什么可做什么不能做。可是，你的大脑怎么才能做到呢？

——不知道，爸爸。

——说句实话：我也不知道。我也不知道有谁知道这些。你还记得斯诺克吗？

——是木敏的故事吗？

——对，就是你最喜欢的木敏系列书里面那个斯诺克。在一个故事中，他希望从大魔法师那里得到一台计算机，能够告诉他什么是对的，什么是错的。

——是的，我记得。

——结果呢？

——他没有得到。

——正是。即使是大魔法师也做不到。因为，如果想知道什么是对什么是错，就得思考很多问题。

我们先总结我们新的哲学观点吧：

> 我们的大脑皮质里有些区域主导我们的感情，其他区域则负责思想。大多数情况下它们是相互交叉的。一个重要的区域，会使感情变为思想，就是腹正中区。它帮助我们判断什么是对的，什么是错的。

现在又出现了一个难解的问题：什么是正确，什么是不正确，什么是好，什么是坏呢？比方……

= 五个人比一个人更有价值吗？

在火车总站
五个人比一个人更有价值吗

从波茨坦回来,奥斯卡和我在火车总站下车。奥斯卡特别喜欢这个火车站,因为它很大,可以从各层楼的回廊看到下面的火车。对他来说,简直无法想象,这个车站是几年前刚修建的。2006年以前,柏林最重要的火车站,是规模小得可怜的动物园火车站,与这座总站相比简直就是一个微型玩具。奥斯卡一直想知道,这座车站到底有多大,柏林火车总站是德国或者欧洲乃至全世界最大的火车站吗?这个问题还真不容易回答。因为,一座火车站的大小,应该怎么衡量呢?旅客容量最多的德国火车站是汉堡,每天旅客的吞吐量为45万人。但汉堡火车站的站台相当少,柏林和法兰克福的要比它多得多。德国最大的火车站建筑在柏林和莱比锡,虽然它们很大,但仍然不属于世界上最大的火车站。轨道最多的车站,是纽约中央火车站,

哲学家
与儿童对话

共有 67 道。它同时也是世界上最美丽的车站，屋顶饰有美丽的星辰图案。但那里的旅客却不是很多。它的兴旺时期早已过去，与火车相比，美国人更喜欢开汽车。世界上面积最大的火车站要属中国上海的虹桥车站。旅客最多的火车站是东京的新宿站，每天大约运送旅客 400 万，而柏林的 30 万就是小巫见大巫了。

尽管如此，奥斯卡和我却仍然觉得，这个夏日里火车站的人特别多。其实，整个城市都充斥着游人，而我们就是这场热闹戏剧的看客。我突然想到了一个问题。因为奥斯卡一直想知道什么更大、什么更好、什么第二大，等等。现在的问题就在于什么更好。这又涉及一个难解的哲学问题，因为这个问题是不能简单地去计算或衡量的。如果我说"更好"，意思并不是规模更大或数量更多，而是"更正确"。

——奥斯卡，请你设想这样一个场面：下面铁轨上刚好有五名工人在进行维修工作。停在他们前面同一轨道上的车厢的制动突然失灵。车厢开始移动，径直地冲向五名铁路工人。你可以设想出来吗？

——当然，爸爸。

——好，你看到无人控制的车厢飞快驶来。现在我们再设想，铁轨旁有一个道岔……

——可那并没有道岔呀？

——对，但我们现在就设想那里有个道岔。旁边就是道岔控制箱。如果你在上面按一下按钮，铁轨就会改变方向。你现在可以迅速行动，按下按钮，把轨道改变方向。这样你就可以在最后一秒钟拯救那五名工人的性命。车厢将朝一条

哲学家
与儿童对话

另轨驶去。但这里有一个麻烦。如果车厢拐向右方,它仍然会轧到一名工人——当然只是一个人。你将怎么办?

——我将向他们呼喊,让那些铁路工人赶紧离开铁轨。

——好主意。但你听听,这里是如此喧闹,没有人能够听到你的喊声。

——是的,爸爸。

——那你该怎么办呢?

——(奥斯卡迟疑很久)我将让铁轨改道,但只是实在没有别的

办法时才这样做，因为五个人毕竟比一个人更有价值。

我们一边谈着，一边登上了楼梯，上到最上面的三层楼。从这里我们可以看到整个火车站。我们从栏杆边上小心地俯瞰最下方的地铁车站站台。

——奥斯卡，听我说，我还有第二个问题。你说过，五个人的性命比一个人更有价值。

——是的，我说过。

——我们现在重新设想刚才的场景。还是那节无人车厢向前滚来，仍然是朝着那五名在铁轨上劳作的工人。但这次你却没有在道岔旁边，而是站在铁轨上方的天桥上。你怎么才能制止车厢行驶呢？

——我可以往铁轨上扔一个东西，把它挡住。

——那就必须是个很大的东西。奥斯卡，你看，附近并没有合适的东西可以扔下去。除非……

——除非什么，爸爸？

——你看看站在我们旁边的那个胖男人。如果我们使劲把他推下去，他沉重的身体可能刚好掉到铁轨上，挡住车厢前进。这样五名工人就得救了。你会这样干吗？

哲学家与儿童对话

——你的力量太小。

——我可以帮助你。但必须由你来决定……

——不，爸爸，那是谋杀！

——是的，可刚才你还说，你将使铁轨改道，这样将死一个工人，但救了五个人的性命。可这次你又说，那将是谋杀。可两者的结果是一样的。让一个人死，可以挽救五个人的性命。

——不，这是不一样的。因为把一个人推下去，感觉是极坏的，而且也没有人愿意让人把自己推下去呀。

——好，我可以理解。但还是坚持认为。不论改道岔还是把人推下去，两者都只涉及一个问题：让一个人死，还是让五个人死。这两个办法不是同样正确吗？

——爸爸，你会怎么做呢？你会把那个胖子推下去吗？

——啊，不会！

——为什么不会呢？（奥斯卡窃笑了起来）这不都是一比五吗？

——因为把那个人推下去，我会有一个很坏的感觉。我连一只马蜂都不敢打死，否则我会心不安的。

——我也是，爸爸。

——奥斯卡，你想知道大多数人会怎么决定吗？是让道岔改道，还是把人推下去？

为挽救五名工人的性命,是应该让铁轨改道,还是把一个胖子推下铁轨,这是一个最著名的哲学命题。有30万人回答了这个问题。美国学者把它作为问卷放入了因特网,让人在线回答他们会如何抉择。学者们不仅向网上冲浪者提出这个问题。他们在美国、中国提出了同样的问题,他们还向撒哈拉沙漠的游牧民族和北极的因努伊特人提出了这个问题。他们的对象包括孩子和大人,无神论者和教徒,男人和女人,各种职业的人们。让人感到意外的结果是:答案几乎是一样的——不论什么信仰、什么年龄,什么性别、什么教育程度和什么出身。

那么答案是什么呢?大多数与奥斯卡的相同。

问题一:几乎每个被问者都会去让铁轨改道。用一个人的死换取五个人的性命,他们认为这个方案可以接受。

问题二:只有六分之一的人主张把胖子推下去,来挽救那五名工人的性命。但大多数人不会这样做。

这难道不是个奇怪的结果吗?不论是让铁轨改道,还是把胖子推下去——其结果都是一样的!一个人死,五个人获救。从死亡和成活的人数上看,两者没有什么区别。但看起来却是不一样的。可为什么呢?

像改变道岔那样接受一个人死,还是像对待胖子那样直接把一

个人杀死,这对奥斯卡和我来说,有很大的区别。当然在这两种情况下,都会像奥斯卡所说的那样有一种"坏感觉"。但这种坏感觉在第二种情况下会更为强烈。我们不会像菲尼亚斯·盖奇那样,毫不犹豫地把胖子推下去。我们大脑皮质中的腹正中区显然完好无损。而世界上大多数人显然和我们一样。但是……

——奥斯卡,我还有一个问题。
——什么?
——如果在下面的旁轨上站着的,不是我们不认识的铁路工人,而是妈妈或我。你还会让道岔改变,去救那五名工人吗?
——不,我不会。
——为什么不会呢?从逻辑上讲,不管是妈妈、爸爸还是一个铁路工人,完全是一样的,同样是五比一。
——我不会这样做,因为那是妈妈,或者是你。如果那是我的一个朋友,我也不会做的。
——是的,我也不会这样做,如果是你站在轨道上。绝不会!

我想,我们已经有了一个很重要的共识,同时也获得了一个新的哲学观点:

> 我们做道德判断时,常常并不按照逻辑行事。做此事时的感觉是决定的因素,要根据我们与他人交往中的感觉,来决定正确还是错误。

我们于是进入了下一个问题。在某些特定情况下,存在某种感性道德权利,例如改变轨道的走向,以便拯救他人的性命。可是,难道也存在必须杀人的道德义务吗?

= 可以杀死蓓塔阿姨吗?

在夏里特医院门前
可以杀死蓓塔阿姨吗

　　一所医院照理不应该是人们的观看场所,除非里面躺着一位应该去探望的人。但柏林的夏里特医院却是个例外,因为这里有一间医学史陈列馆。奥斯卡和我并不去参观那里,因为我担心,他看过后会睡不着觉。那些畸形怪胎和被疾病咬啮的头骨,肯定不适合孩子看。我们的兴趣不在这里,而是远处东德时期新住院大楼旁边的很多红砖小房子。它们已经有一百多年历史,讲述着夏里特医院的风雨变迁。这所医院首建于300年前,当时整个欧洲鼠疫蔓延,弗里德里希一世国王担心柏林也会被传染,于是决定修建一所临时性医院应对。医院建在那时的柏林城墙之外的郊区,因为没有人愿意看到城里出现黑死病人。但柏林人很幸运,鼠疫没有光临这座城市,而是绕道远去。于是临时医院就逐渐变成了正式医院,取了个法文

名字,叫夏里特(原意为慈善)。很快地,它成为欧洲最好和最著名的医院。夏里特医院培养出很多名医,如克里斯多夫·威廉·胡费兰、鲁道夫·菲尔绍和菲迪南·绍尔布鲁赫。罗伯特·科赫曾在这里发现了著名的结核菌,即可怕的结核病的病原体。前面提到的那些带有小塔尖和垛口的红砖房子都是这个时期,即19世纪末修建的。

一所医院本应是给人慰藉和救治的场所,但我为奥斯卡准备的话题却有些别样,它有些残酷、复杂甚至有些阴损。我今天要给他讲关于蓓塔阿姨的故事……

噢,我的蓓塔阿姨,多么可怕的老太婆啊!她一生都以令人作呕的方式折磨着家人。她没有孩子,感谢上帝!她情绪变幻无常,使邻居们苦不堪言,为了一块小地界就能吵得四邻不安。她的狗老去邻居花园拉屎,邻居对她却无可奈何。就说那条狗吧,一条爱咬人的小畜牲,总是坐在汽车的副驾驶座位上。是啊,这个讨厌的蓓塔!

我还忘记提到一点:她很有钱,是个真正的大款。丈夫早亡,为她留下巨额遗产。她为这笔遗产做了有效的投资:房地产、有价证券、股票。也就是说,蓓塔阿姨是个百万富婆。而且最妙的是:我是她的继承人。可惜的是蓓塔阿姨却有一副龙马般的身体。她现在虽已七旬,但却十分健康。她不饮酒,不吸烟,甚至连蛋糕都不吃。

除了管她的钱,她什么都不做。她肯定能活到九十甚至一百岁。如果她真的活到一百岁,我也就七十了。谁知道,到那时我是否还需要这么多钱呢。有时,我真的希望,这个老妖婆明天就死去,或者最好是今天。

我们现在做一个假设:老阿姨由于一些小毛病要去医院看大夫,当然没有生命危险。我又恰好认识医院中的一位主任大夫,他是我的一个好朋友。就在同一天,我也去拜访他。他带我看了他的工作场所——儿科癌症病房。在这里参观,让人感到震惊。患者全是孩子,

他们中很多人都将夭亡。这些孩子,或者躺卧在床上,或者相互玩耍,就好像什么都不知道。看到这些,谁都会难过地伤心流泪。这个病房经费不足,急需要钱增添医疗器械,好让这些孩子得到更好的治疗,延长他们的生命。

晚上,我和这位主任大夫坐在他的房间里。我的心情一直无法平静。过了一会儿,我给他讲了关于蓓塔阿姨的事情,她正躺在夏里特医院的另一个病房里。我告诉他,阿姨有很多钱,而我就是她的继承人。

"有没有可能,"我问他,"在我阿姨的饭菜里放点什么……"

"你这是什么意思?"他问我。

"我是说,"我说,"一种无嗅无味的致命药物。一种可以杀死蓓塔阿姨又不被人察觉的毒药。一种让她安静地睡过去的东西。有这样的东西吗?"

"是啊,是啊,"我的主任大夫朋友说,"当然有这样的东西。你到底想说什么呀?"

"问题很简单,"我说,"如果我们用这种方法让蓓塔阿姨无痛苦地死去,事先也不让她知道,所以也不会难受,我们也不算是做了什么特别缺德的事情。她一死,我就可以继承她的百万遗产。我并不想把这笔钱占为己有,我想把它捐赠给你的儿童病房,这样你们就可以购置新的医疗器械了。"

"你是想让我去杀人吗?"他打断了我的话。

"我想换个说法。从哲学角度出发,我有下列思考:到底什么是做好事呢?其实很简单:能够让人幸福就是做好事。那什么是做坏事呢?那就是让人不幸。对不对?"

"是的,或许是吧。这听起来并没有错。"

"如果我现在做一件事,只让一个人不幸,而让千万人得到幸福,我能去做吗?"

"这个,我真的不知道……"

"我们把这个哲学思考运用在蓓塔阿姨身上:幸福是好事,痛苦是坏事。首先我们要肯定,我的这位阿姨没有给世界带来幸福。如果说她给别人带来了什么,那只是痛苦,例如给邻居和给可怜的邮差。她存在银行里的钱,没有做什么好事。可是,如果我把这笔钱捐赠给夏里特医院,我就会给很多人带来幸福。而为实现这个梦想,所需要做的只是……我不仅可以,而且我应该杀死蓓塔阿姨!我甚至有义务铲除这个老妖婆,不是吗?或者,你们还可以节省那服无痛的致命药物,而让她悲惨痛苦地死去!谁也不会为她的死而伤心流泪的。这么说还是相当客气的。这个讨厌的老不死如果不在了,有谁会不高兴呢?邻居们终于可以得到安静,他们的花园也终于干净了。而邮差也终于可以期待搬来一家和气的住户。问题还不清楚吗?"

——奥斯卡,你看呢?应该杀死蓓塔阿姨吗?

——如不杀她，医院里的孩子们会死吗？

——是这样，至少有些不该死的孩子会死吧。

——如果这样，爸爸，给蓓塔阿姨吃那种药，就没有什么问题。但如果这不能帮助医院里的孩子，那就是不允许的。

——你是说，如果有正当的理由，杀死一个人就是可以的吗？

——是的，比如正当防卫。

——可是，就蓓塔阿姨的问题来说，如果人人都可以自行决定杀人，并且振振有词地说：我可以把一个人杀死，因为他没有给任何人带来幸福。你觉得这样可以吗？

——不，不可以。因为那就会天下大乱，人心惶惶，时刻担心自己被别人杀死了。

——你是说，奥斯卡，这会引发大问题吗？

——非常大的问题。很快就不再有富翁和富婆了，而且主张不给别人幸福就该杀的人，自己也会担心有一天会被别人杀死的。

——你认为，我们从这个问题上学到了什么呢？

——……这样看起来，或许还是不能杀死蓓塔阿姨。

我觉得，奥斯卡和我又取得了一个共识。因为，如果我为了帮助患癌症的孩子而杀死蓓塔阿姨，就会引发巨大的灾难。千百万人：有钱的阿姨、被人厌恶的人、所有的富人以及很多犯人，或者举目

无亲的智残人，都会面临在睡梦中被无痛杀死的危险。这样一来，我们的社会将会陷入多大的恐慌啊！而这种恐慌又会造成多少动乱和灾难呢？好，即使我想杀死蓓塔的念头真的没有败露，但如果我觉得自己的行为是正义的，那就必须永远是正确的。可如果它永远是正确的，那就意味着任何人都可以去做。谁又知道，是否有一天，这种事也会临到我身上，我的侄子或许也会和我有同样的想法？也就是说，我的生命也不再是安全的。痛苦和欢乐，是不能像一道数学题那样计算的，因而也不能用它来决定一个人的生死。

看到住院部的建筑，奥斯卡和我都很放心，因为在我们的国家不会有任何人需要担心，由于他的钱要用在好事上，而在睡梦中被秘密杀死。于是，我们得出了下一个哲学观点：

> 一个人的生命价值，不能根据这个人是否有用来衡量，因为每个人对生命都有无限的权利。

正常情况下，我们遵守这个原则并尊重别人，这可能与我们不想做坏人和坏事的理念有关。可为什么不想做呢？

= 为什么偷东西时镜子会是个障碍？

在普勒岑湖畔
为什么偷东西时镜子会是个障碍

奥斯卡很喜欢游泳,而柏林有很多露天游泳场,市郊几乎到处都有风景如画的湖区供人游泳。如果不想走得太远,奥斯卡和我就会去普勒岑湖的露天游泳场。这片湖水诞生于冰川时期,早在19世纪这里就是个公共游泳场。

今日的游泳场形成于20世纪20年代。这里有舒适的人造沙滩和清澈碧绿的湖水,很快就吸引了很多人前来休闲,特别是工人家庭和他们的孩子们。很多老建筑保留了下来,让人想起了过去。漫步在这些圆形红砖房屋和带有角楼及锥形屋顶的楼阁中间,马上就会产生回到遥远时代的感觉。

湖的对面,有一个长长的阶梯形露台,它的后面是一片参天大树围绕的古老陵园。来到这里,确实有些瘆人。陵园不远处还有一

座老临狱、一座希特勒时期被屠杀者的纪念堂，但这样的组合在柏林是很典型的。悲伤和欢乐相聚在一起，这在德国城市中是绝无仅有的。

进入湖区之前，先要在一座翠绿色的售票亭前购买门票。但今天不是周末，天空又阴云密布，几乎没有游人光临，所以也看不到检票人员。

奥斯卡和我犹豫很久，不知道售票员只是临时离开，还是今天根本就没有上班，因为根本就没有前来游泳的客人。

我们等了几分钟，仍然无人露面，我们思考应该怎么办。

——奥斯卡，你有什么意见？我们能够就这样进去吗？
——不交钱，爸爸？
——可这里没有人收钱啊。或许他去上厕所了？
——我们还是不能就这么进去。
——为什么呢？
——因为我觉得有点对不起别人，爸爸。
——为什么？是对不起谁了？
——呐，对救生员和游泳场的业主。
——你是说对柏林市政府吗？它根本就不会知道。
——还是不行。

——如果过了一刻钟还没有人来，我们该怎么办？

——我不知道，爸爸。

——我们可以把钱放在售票亭的什么地方。

——不行，要是有人给偷走呢？

——我们就这么进去，也不会有人看见和抓住我们。可问题是：我们为什么会有这么多顾虑呢？

——不付钱就这么进去，我们心里会有愧疚感的。

——又是这个感觉。是做了错事就会有的那种愧疚吗？

——正是，爸爸。

一刻钟以后，我说服奥斯卡还是就这么去了湖边。如果遇到救生员，我们可以坦率告诉他，说我们还没有买票。很快我们就下到湖水里开始游泳。我不由得再次提起刚才在售票亭旁的谈话，因为我想起了美国人曾进行过的一个调查……

德国儿童在"圣马丁节"时可以向沿街的住户和商店"乞讨"。他们手提灯笼唱着歌曲，这样就可以得到糖果和其他礼品。而美国儿童却不过"圣马丁节"，但他们有另外一个类似的节日，即在"万圣节"前夕沿街"乞讨"。

从前，有两名研究者开始对孩子产生了兴趣。他们提出了一个

哲学家与儿童对话

对孩子不太礼貌的问题。他们并不关心孩子们在节日的"乞讨"活动,而是想知道:在什么条件下孩子会去偷糖果?什么时候他们又放手不偷?

暗中受到监视的孩子们,在不知情的状况下向陌生的住户讨要糖果。但这个美国小城的住户事先就被纳入到这个调查计划当中。研究者请求住户不要直接把糖果交到孩子手中,而是诱惑他们去偷糖果。

具体的办法是:当"乞讨"的孩子们来到住户门前时,家庭主妇可以向孩子们问候,但不直接送给他们什么,而是把装有糖果的篮子放在门前,让孩子们自己去拿。而且告诉他们,每人只能拿一块。然后主妇就回到房子里。孩子们单独站在糖果篮子前面。他们会怎么做呢?他们会利用这个机会,在没有监视的情况下把糖果塞满口袋吗?

好,但孩子是否偷糖果,却取决于另外一个特殊的因素。在有些住户门前,糖果篮子后面摆放了一面大镜子,其他则没有。所以当孩子们想偷糖果时,有可能在镜子里面看到自己。

那么结果怎么样呢?想偷糖果的孩子,在镜子里看见自己时,他们就会受到惊吓,常常立即把手抽回来。但如果没有镜子,很多孩子就会去偷糖果。

——奥斯卡,你怎么看这个问题?

——我反正不会去偷。

——你能够设想,看镜子和不看镜子,有什么不同吗?

——(迟疑片刻)我还从未干过,所以我真无法设想。

——你想一下,假如你就是其中的一个孩子。其他的孩子都把口袋塞满。你真的可以作为例外而不这样做吗?

——我考虑一下,爸爸。(思考)我想,我会警告他们,但不会告发。

——因为告发别人,你会感到愧疚,是吗?

——打小报告是很卑鄙的,爸爸。

——但你真的有把握,绝对不会跟着……

——我不敢说绝对。

——在什么情况下,你或许也会呢?如果你有把握不被抓住,而且其他孩子都偷了,甚至偷很多,你会怎么样呢?

——即使偷,肯定也只会拿很少几块。因为偷,就是把别人的东西占为己有。自己的东西被人拿走,他们会伤心的,因为那是他们的东西。所以偷东西,也会产生那种愧疚感。

——请描写一下这种感觉。

——这时内心里就会说,自己做了坏事。

——这有什么不好呢?

——心里会感到悲哀。这时就会想,如果你的糖果被偷走了会有什么感觉。

——当然也有不这样想的人。但爸爸和你一样,奥斯卡。我曾从别的孩子那里偷过一块半宝石,一块小小的紫晶石。我觉得它很漂亮,就偷偷塞进自己的口袋。当时我才十岁。这块宝石今天还在我这儿。但后来我每看到它时,就不再觉得它很漂亮!而老是想:它其实不是我的。它属于过去跟我一起玩的两个男孩,而且是我把它偷来的。

我觉得，我们又学到了很多东西。第一，偷窃是不好的，因为如果人人都这样做，就没有人会感到生活的快乐。如果人人都偷偷进入游泳场而不买门票，那么市政府就收不到钱。不知到什么时候，游泳场就得关门。

我们还学到了其他东西。如果在偷窃时看到自己，就会意识到自己在做什么。就是说，就无法摆脱自己正在做错事的感觉。

第三，我们也学到了：如果其他人做了错事，自己也去做，愧疚感觉就不那么严重。尽管单独偷和与他人一起偷的结果是一样的，两者都是偷，只不过感觉上不那么严重。

为什么呢？因为人总是愿意和别人进行比较。奥斯卡，你说过，你是不会偷的。即使其他人都在偷，你可能也不会这样做，但这只是可能。然后你说，你会少偷一些。这可以使你感觉好些，尽管同样是错误的。

偷窃时产生的这种"愧疚感"，其实就是因为人有自我反省的能力，反省时就会在头脑里绘出一幅自画像。大多数人都想做一个好人——尽管他常常并不像自己认为的那么好。因为他时刻在排除自己的劣迹，或者与别人进行比较：觉得与他们相比，我还不算太坏。

我们的下一个哲学观点就是：

> 人都会自我反省。人们心中都有一幅自画像。在大多数情况下，我们会尽量按此去生活，不让这幅自画像受到损害。但我们也常常通过排除法和比较法，把自己淡化出去。

我们常常试图做好事，并为此而努力，这当然不仅是为了尊重我们的自画像。因为在大多数情况下我们在想，如果我们坏事做得少些，生活就会更好。我们认为，生活会为此给我们回报的。然而……

= 获取回报会侵蚀我们的品格吗？

在 RAW 园区内
获取回报会侵蚀我们的品格吗

柏林的另一个特色，就是它还有很多尚无建筑的空地。到处都可以看到荒芜的废墟，有些是过去废弃的老工厂，现在只有风雨是它们的居民。还有的是柏林墙被拆除后，遗留下来的空间。

但很多这样的空地并没有被搁置起来，不少人为实现自己的人生梦想而常聚集在这里。他们在老工厂的厂房里建立工作室和画室，还有人把这里当做原创音乐排练场，也有一些网迷在这里编写他们的程序。所有这些人所以这样做，都不是为了赚钱。他们就是为了显示自我，从中获得内心的满足和欢娱。

这类废墟中最有特色的，就是 RAW 园区。RAW 这个缩写，代表着一个几乎无法读出来的超长词汇：Reichsbahnausbesserungswerkstatt（帝国铁路修理工厂）。早在 150 年前，这里就承担了机车和铁路车

在RAW园区内

厢的维修业务。它的前身,是普鲁士东方铁路局所属的"普鲁士王国柏林第二铁路总修厂",原来的建筑已经荡然无存。我们现在看到的建筑物,是19世纪末以后建立的新厂房。那是柏林铁路运输最兴旺的时期,有上千名员工在这里工作。东德时期,这个工厂还一直在运作。德国统一以后,它才停工,因为已无人再需要它。只有边缘的一个车间还在生产。

其他空闲场地,很快就被人开发,一系列疯狂的主意得以实现:一个跳蚤市场诞生了,一个文化协会开张了。青少年们也在这里占有一席之地,开辟了一个城里任何游戏场所都与其无法比拟的乐园。这个园区有两个特别受人欢迎的地方:一个是室内旱冰场,另一个是第二次世界大战期间的一座碉堡。人们施展想象力,把它改造成为一座20米高的攀岩塔,超过了柏林任何一座攀岩墙。也没有任何攀岩墙比它的结构更为复杂和有趣,攀岩者可以有多种可能攀登到碉堡的顶端。一旦登上顶端,一幅绝美的柏林全景画卷就会展现在眼前。

可惜奥斯卡还太小,无法攀登这个碉堡。即使年轻人和大人想爬到上面都很困难。但在它旁边建有一座儿童攀岩墙,供孩子们攀登。可即使这个,攀登起来难度也不小。奥斯卡费尽力气也就登上两米高。他满脸通红地吊在那里,最后只好下来。后来,在碉堡旁边的一个院子里吃冰激凌时,我问他:

93

——奥斯卡,告诉我,如果我答应再给你买一份冰激凌,你会继续努力往上爬吗?
——爸爸,但只给我,你不能吃。
——为什么?
——因为你没有攀岩。
——我根本就不会去攀岩,更不会去攀登这样一座攀岩墙。也就是说,你会继续攀登了。
——当然,爸爸,我很喜欢攀岩。

当然,如果喜欢,就不需要回报,只有做不喜欢的事才需要回报。所以,回报就是让人做事的一种诱饵。那么,助人又是怎么一回事呢?如果我们对需要帮助的人做一件事:这是自愿和喜欢呢——还是为了获取回报?

研究人员费利克斯·瓦内肯和米歇埃尔·托马塞罗想知道答案。于是,他们对小小孩做了很多试验,并拍了影片。

其中的一个试验是:一个男人想把一大摞书放进书柜里。他双手托着书,站在书柜前。可惜书柜的门是关着的,男人费了半天劲也没有打开。旁边有一个大约14个月刚刚会走路的小孩站在那里,看到了这个情景。他突然迈步走向书柜,伸手把柜门打开,然后开

心地看着这个男人,似乎在说:"请吧,柜门现在打开了!"小孩帮助了那个托书的男人,而没有得到任何回报。

研究人员还做了更多的试验。一支笔从一个男人手中滑到了地上,但他从椅子上无法把它拣起来,又是一个小小孩拾起笔交给了男人;另一个男人的海绵掉到地上,又是一个小小孩帮助了他。所有小小孩都表现为自发地愿意帮助人。

研究人员发现，黑猩猩也是如此。只要有可能，它们就会去帮助别人——自愿和不要回报。

人和黑猩猩天性就愿意帮助别人，但很多长大了的孩子和很多大人却不是这样！这是为什么呢？

对这个问题，研究者也有了答案。进行第二次试验时，他们把20个月大的孩子分为三组。第一组的孩子每次自发帮助别人时，都得到一个玩具作为奖励。第二组的孩子如果这样做了，则只是口头表扬。第三组的孩子帮助别人时没有任何回报。结果如何呢？

第二组和第三组的孩子们始终保持愿意帮助别人。那么得到玩具的孩子呢？他们愿意助人的天性，在很短时间里就全部消失了！他们只有在得到回报的条件下才去帮助别人。如果没有奖励，他们则不去帮助。从无条件的帮助，变成了有条件的帮助。

美国的学者理查德·费伯斯也得到了类似的结果。他带着一叠各种颜色的彩纸去了一所小学。然后他请求学生们协助把彩纸分类。他要把分好类的彩纸出售，将得到的钱捐给医院的重病儿童。

另外一组孩子，他交代了同样的任务。但没有提及要把钱捐给重病儿童，而是答应送给这些小学生一个小玩具，作为对他们劳动的回报。

两组学生都很努力完成了任务。过了一段时间，费伯斯再次请学生帮忙。这次他既没有向第一组提及为重病儿童捐钱，也没有向第二组提及给予回报。

结果是可以想象的：第一组仍然像上次一样努力工作，而第二组就懈怠了许多。孩子们根本就不用心，很快就失去了兴趣。

这个信息很清楚：物质回报会侵蚀品格！谁要是习惯有回报才做事，最终就很难去做没有回报的事。非常明显，助人和物质回报之间的联结，并不是天然在大脑中形成的，而是后天的教育使其习以为常的。

——奥斯卡，与获得玩具的学生相比，为医院患儿分拣彩纸的学生更愿意无回报劳动，这是为什么呢？

——呐，因为他们第一次干活时就没有回报。

——对，至少没有物质回报，或许只有助人的快乐。但是，我有时对你是许诺回报的。你知道吗？

——比方我可以看一场电影，或者得到一本《蒂姆和施图比》漫画书。

——奥斯卡，这是为了给你鼓励。我这样许诺好吗？比方我说：数学考一分（德国学校最高分——译注），你就可以得到一

盒乐高积木，比方星球大战里的"死亡之星"怎么样？

——这个回报不太好，因为有些过分了。

——为什么过分呢？

——因为"死亡之星"很贵而且很大，只为了数学考个一分，不合适。

——你知道，爸爸为什么永远不会这样做吗？

——因为"死亡之星"太贵了。

——是很贵，但并不是太贵。我还有一个更为重要的理由，比方你想当一名优秀的足球运动员。可为什么呢？是为了我，为了让我高兴吗？

——不，不是这样。

——那是为什么呢？

——就是因为我喜欢。

——因为你觉得，做一个超级球星的感觉很棒，对吗？

——是的，正是这样。很棒！

——所以，人努力去做一件事，还有第二个理由：那就是自己喜欢。

我们又有了新的哲学观点：

> 我们努力去做事,有两个不同的理由:第一,因为我们自己喜欢;第二,因为我们会得到回报。然而,得到回报的次数过于频繁,最后就可能不再知道自己到底喜欢什么了。

有时我们去做一件事,并不是为了回报,而是如果我们不做,就会受到惩罚。例如,如果不遵守公共生活的重要规则,或者不公平待人。可到底什么是公平呢?为了探讨这个问题,我们明天要去另一个地方,一个令孩子可以真正尽兴放松的地方……

= 什么是公平?

在"珂勒37"什么是公平

在已知的柏林游戏场所中,奥斯卡最喜欢的肯定是:"珂勒37"。之所以叫这个名字,是因为它位于普伦茨贝格区珂勒惠支大街37号。这个游戏场的与众不同在于,它是孩子们一个理想的冒险乐园。在东德时期,这里就有各种游戏设施供孩子们嬉闹。柏林墙倒塌一年后,这里成立了一个协会,负责在这里建立一个有特色的儿童游戏场。其宗旨是开发孩子的想象力和创造力,形式就像是一个劳动园地,让孩子们可以在里面自由发挥,自己动手做他们喜欢的事情。它不应该是一个完善的游戏场,而应该让孩子们自己去设计和完善。在这个园地里,成年人禁止入内。只有两名辅导员照顾他们,分发建筑材料和提出建议。园地为孩子们准备了各种材料和工具:木板和锤子、钉子和锯子,让他们自己选择项目和劳动。迄今为止,孩子

们已经自己动手建起了很多漂亮的小木屋，有不少甚至是多层建筑。不想盖房的，可以玩长袜子皮皮游戏："谁也不许脚着地"。从一栋小屋爬到另一栋小屋，但不许脚着地。此外还有很多其他劳动项目：例如有可以煮饭、烧烤的火炉，做陶瓷、打铁、木工、贴画和纺织的小作坊。孩子们也可以在这里喂养动物：豚鼠、小兔。"珂勒37"协会想通过这些活动，培养孩子们的责任心，因为责任心对孩子是极其重要的。他们不仅要为小动物喂饲料和清洁畜圈，而且还要与其他孩子友好相处，不为材料而争执或强占别人正在修建的木屋。简而言之：这里的一切都应该是公平的，这也是家长们对这个园地的期望。可到底什么才是公平呢？

——你知道"公平"这个词是什么含义吗？
——大概吧，比方有20名足球运动员，10名好的，10名不太好的。如果好的在一起对付不太好的，就是不公平。
——就是说，巴塞罗那队和科隆一队比赛就是不公平的吗？
——是的，如果只是好球员和只是差球员比赛，那就是不公平的。
——对，这是不公平的。但人又怎么知道，什么是公平，什么是不公平呢？金鱼肯定不会知道，但人是应该知道的。
——可是，不是所有的人都关注公平的……
——有可能人人都关注公平吗？公平是人身体中所固有的吗？

——我觉得不是，爸爸

——好，我现在给你讲一个故事……

公平是人的天性吗？荷兰人弗兰斯·德瓦尔一直长期研究这个问题，他是一个行为学家，专门观察猴子的行为。因为，在动物界中，猴子是我们的近亲，他能够做的事，或许我们也能做。十年前，他做了一个最著名的试验，研究对象是卷尾猴。在南美猴子种群里它们是明星。这种生活在亚马逊雨林中的灵长类居民，特别长寿，它

们可以像人猿一样活到50岁。它们大脑的容量和重量都非比寻常，而且和善温顺，所以一直受到人们的喜爱。它们不仅是宠物，也是街头艺人的伴侣、电影明星和残疾人的助手。

德瓦尔和他的同伴萨拉·布罗斯南想知道，卷尾猴是否期待周围的人公正对待它们。他们在每个牢笼里放进两只猴子。开始时，卷尾猴周围的世界还没有问题。研究者朝它们的笼子里扔去一个筹码。如果小猴把筹码扔回来，它就可以得到一块黄瓜或者一粒葡萄。黄瓜并不是卷尾猴很爱吃的食品，但葡萄它们却非常喜欢。大多数人类也肯定与此类似。拿到葡萄，人会感到幸福，可要是拿到黄瓜……也就那样了。

然后,研究人员又做了一系列新的试验。可这次他们就不公平了。这次笼中的一只猴子，扔回筹码后，每次只能得到一片黄瓜，而另一只却每次都能得到好吃的葡萄。老得到黄瓜的猴子当然能够看到他的同伴受到了特殊待遇，也就是扔回同样的筹码，却得到更大的回报。

那么结果是什么呢？很短时间以后，这只猴子显然失去了对淡而无味的黄瓜的兴趣。扔进去的筹码，留在了笼子里面。而当它看到同伴什么都不做仍然得到葡萄时，它生气了。因为他为了黄瓜而必须干活。结果受到歧视的猴子大吼一声，抓起筹码向愚蠢的研究人员砸过去。

103

那么,刚才还受到欢迎的黄瓜,怎么在如此短的时间里就失去了价值呢?很显然,动物们用自己得到的回报和别人得到的回报做了比较。他们显然期望,同样的劳动应该得到同样的报酬。一旦情况不是这样,就会产生不快——也就是受到了"不公平"的待遇。

卷尾猴并不是我们最近的近亲,但我们仍然可以从它们的行为中学到东西。它们同样可以感觉到别人应该如何对待他们。如果说,我们人类能够感到"不公平",那猴子也会有类似的感觉。换句话说:对不公平的感觉,是我们天性里就有的。

然而,这其中仍然有一个重要的区别:卷尾猴虽然能够感觉到什么是不公平,但是它们是否也知道什么是公平,什么是公正吗?

假如得到葡萄的猴子,把一半葡萄分给另外的猴子,那岂不就公平了吗?但没有任何猴子会自愿与同伴分享。而我们人类却会这样做,至少我们中的一部分人。可卷尾猴却不会,这就是区别。猴子和我们不同,它们虽然能够感觉到"不公平",但对公平却没有任何感知。

——你觉得怎么样?卷尾猴知道什么是公平吗?

——我觉得它知道。

——你是说,对不公平的感知和对公平的感知是一样的吗?

——得到黄瓜的小猴觉得这是不公平,可得到葡萄的小猴却觉

得这完全OK。

——我也是这样看的。如果什么都不做而得到葡萄的猴子,同样感到这不公平,那它会怎么做呢?

——那它就会交出葡萄,不一定全部,可以交出一些。

——正是。你知道我想起了什么吗?

——不知道。

——想起了我们的枕头大战。你五岁的时候,我们老是在床上打闹。当我处于有利地形,把枕头砸到你头上的时候,你知道,你老是喊什么吗?

——什么?

——"爸爸,这不公平!"你知道什么对你是公平吗?——就是地形对你有利!

不公平的感觉,我们五岁时就已经有了。这个年龄我们的智商相当于卷尾猴。如果有人不公平地对待我们,我们就能够感到。但什么是公平,是我们后来才学会的。在幼儿园和学校里我们知道了,我们感到的不公平,其他孩子也会有同样的感觉。后来我们才逐渐理解并学会了,什么是公平的行为方式。还有些认知需要我们以后学习,但并不是所有人后来都能够公平待人。像对自己一样细心和公平对待别人的人,即使是成年人,估计在这个世界上也是极少数。

我们的下一个哲学观点是：

> 能感觉到对自己不公平，是人的天性。而会像对待自己那样去对待别人，却是后天才学会的——如果他真正学会了的话。

人类有能力公平待人，这是很好的事情。但是，我们难道只应该公平待人吗？我们是不是应该尝试，也公平对待其他生物——例如对待动物呢？

= 可以吃动物吗？

在科诺普克香肠售卖亭前
可以吃动物吗

是谁发明的咖喱香肠？这是一个难以回答的问题。有人说，是卖香肠的女商贩列娜·布吕克发明的——在汉堡。也有人说，赫尔塔·霍伊韦是它的发明人——在柏林。但有一点是可以肯定的，那就是在东柏林卖咖喱香肠的第一家售卖亭是谁的？是马克斯·科诺普克和他的妻子夏洛特。1960年，他们在东柏林根据自家的秘方制作了咖喱香肠。他们还年轻的时候，曾是街头商贩，在夜里摆摊叫卖，自称为"香肠马克斯"。当年白天沿街叫卖是被禁止的。战争时，因为没有肉供应，他们就烤马铃薯粉糕出售。战后，科诺普克夫妇有了一辆售货车，就在舍恩豪斯大街和但泽大街街角的城铁站桥下卖香肠。他们的儿子君特在西柏林一家肉店老板那里当学徒时，发现了柏林东部还未见过的咖喱香肠！于是，科诺普克夫妇就根据严格保密的这个家传秘方制作

出了东柏林咖喱香肠。这样一来，他们的香肠售卖亭就成了柏林东部的名店。君特的女儿瓦特劳，最后成了普伦茨贝格城区的"香肠之母"，直到2009年去世，这位老妇人始终站在售卖亭里卖那著名的咖喱香肠。

在建筑游戏场玩够了以后，奥斯卡真的饿了。于是我们朝舍恩豪斯大街走去，每人买了一根香肠充饥。就在我们站在售卖亭前狼吞虎咽地大吃香肠时，一个新的哲学命题出现了。我们吃香肠对吗？香肠难道不是用猪肉做的吗？人应该让动物痛苦吗？好，我们先讲一个小故事怎么样？

有一天，陌生的外星人来到我们的星球，就像好莱坞故事片《自由纪念日》那样。他们极其聪明，智商远远高于人类。但这次事态的发展却和影片不一样，既没有勇敢的总统在战斗机中指挥战斗，也没有无名的天才用地球病毒使外星人的电脑瘫痪，而是这些外星人在很短的时间里就征服了人类，并把人类当做战利品关押了起来。一场无比残暴的统治开始了。外星人用活人做医学实验，用人皮制作皮鞋、汽车座套和灯罩，用人的头发、骨头和牙齿加工成各种用品。他们还把人当做美食享用，特别是儿童和婴儿，因为他们的肉又软又嫩，很合外星人的胃口。

一个人从监狱里被提出来，准备杀了做成香肠用。这个人就朝这些外星人喊道：

"你们怎么能够这样做呢？你们没有看到我们是有感觉的吗？这样做会使我们痛苦的。你们怎么能够抢走我们的孩子杀死并吃掉呢？你们不知道这很残酷和野蛮吗？难道你们就一点同情心都没有吗？"

外星人点了点头。

"是啊，是啊，"他们中的一个说，"这确实是有点残酷。可是，你们看，我们就是比你们优越，比你们聪明和理智。我们能做很多你们做不到的事情。我们是高等生灵，比你们优秀得多，所以我们就可以随心所欲地对待你们。你们看看我们的高尚文明吧！看看我们的光速飞船吧！再看看你们可怜的生活吧！与我们相比，你们根

小就没有存在的价值。另外，即使我们的行为不完全合适，没有考虑你们的痛苦和恐惧——但有一点对我们很重要：你们的味道确实好极了！"

——奥斯卡，你觉得怎么样？可以这样进行比较吗？我们人类对待动物是不是和故事里的外星人对待人类一样残酷呢？

——是的，或许吧。

——如果是这样，那么我们还可以吃动物吗？这不是很不公正和卑鄙吗？

——有些动物我是不吃的，爸爸。比方章鱼或者乌贼。

——为什么呢？不好吃吗？

——不是，因为我觉得，人不能吃那些美丽、聪明和优雅的动物。

——那么，你觉得其他动物是可以吃的了？

——比方一头牛。

——为什么是牛呢？

——牛不那么聪明，而且也不美。如果用章鱼和牛比较的话——章鱼甚至可以当宠物来养。

——家里的宠物你同样不会吃的。

——是的，绝不，爸爸。

——好,那就是说:是否可以吃某些动物,取决于它们的智商和美丽。可是,所谓美丽,却是个见仁见智的问题。如果有人觉得章鱼不美,该怎么办?

——也不是所有的人都不吃章鱼的。

——正是。如果你大权在握,你是否会颁布法令禁止吃章鱼呢?

——如果大家都同意,我就觉得很好。

——还有一些动物不应该吃,因为它们有较高的智商,对吧?

——是的,爸爸。

——好，也就是说，不能吃鲸鱼、猩猩、猴子、章鱼。

——鲨鱼我也不会吃，还有大象。

——猪也相当聪明，可是你却吃猪肉香肠。

——可你也吃猪肉啊，爸爸！

——你很机灵。但爸爸有时也吃猪肉，并不证明这就是对的……如果我不吃猪肉了，你也会不吃吗？

——这个嘛，猪肉其实是很好吃的……

——故事里的外星人也觉得人肉的味道很好。

——（思考很久）其实你说得很对。

——现在我们变换一个角色。我现在尝试捍卫吃猪肉。如果我们的祖先当时在非洲草原上不吃猪肉，他们可能早已经灭绝了。自然界没有足够的果实和菌类及其他可吃的东西。在石器时代，他们捕猎原牛和猛犸，吃它们的肉。后来的牧民和农民，饲养绵羊和山羊，牛和猪，也是为了吃它们。史前时代人和很多原始居民，如果不吃肉类作为营养，是无法活下来的。从天性看，人虽然不是猛兽，但他们却是杂食动物，很像是熊类。

——还有獾类。

——对。难道这不是我们可以吃肉的充分理由吗？我可以这样说：大自然就是这样造就我们的。

——但我们今天是可以不再吃肉的。我们现在有蔬菜、水果、面条和豆腐……

——是这样,我们两人不必再吃肉了。可生活在北极的因努特人,他们必须捕杀海豹为食,否则就会饿死的。

——可我们德国不必这样,爸爸。

——是的。可我们该怎么办呢?

——我觉得,有些动物还是可以吃的。另一些则不该吃。

——可界限在哪里呢?

——我觉得,猪就是界限。可以吃的有:牛、绵羊、山羊以及所有农户饲养的动物——但马除外!

——可马是很笨的。为什么不能吃它呢?

——因为它很美。

——现在我说点"谬论":不能把人杀死吃掉,这点我们意见一致。在这方面,人的美和丑有什么关系吗?

——没有。

——那为什么对待动物就有了区别呢?

——因为动物有很多种类,有章鱼,有马,还有猪。

——而不能杀人的理由,就不仅是因为他的智商或美貌了——而是因为他们想活着。而且因为被杀会很难受和疼痛。你看,一个刚出生的婴儿,智商比猪还低。尽管如此,我们

仍然不能吃他。或者我们也不可以用动物做新药试验对象。如果你看到，一头小牛犊到处嬉戏蹦跳：它虽然并不十分聪明，但肯定很幸福。

——我是不会吃幼小动物的，爸爸。

——我觉得，我们这里探讨的问题，确实很难回答。你也是这样想吗？

——是的，我也觉得。

——或许我们人类先要少吃一点肉类。这一点我们肯定可以取得一些共识。今天我们所以吃很多肉，是因为肉比过去便宜了许多。我们今天用巨大的畜棚饲养动物，里面几乎没有光亮。它们实际是生活在动物工厂里，生活环境十分恶劣。鸡也是一样，它们被关在狭小的牢笼内。你觉得这样正确吗？

——把它们单独关在狭小的笼子里？肯定不正确！我们必须想一想，如果我们被关在这样的笼子里……

——这起码是应该被禁止的吧？

——必须。

——另外，人必须少吃一点肉。或许应该规定一个界限，只吃某些特定的动物。还有些人，根本就不吃动物，成了素食者。那样，他们在这方面肯定不会再做错什么。

咖喱香肠我们吃不下去了，剩余的部分早就扔在了盘子里。我们两人都没有了胃口。现在我们可以总结一下，发表下一个哲学观点了：

> 生命的价值并不简单取决于美丽和智商。每一个能够感觉欢乐、幸福、恐惧和疼痛的生物，都应该受到尊重。如果仔细思考这个问题，那我们必须说，反对吃肉的理由更胜于赞成的理由。

一个新的哲学命题又出现了，至今我们尚未考虑过：关于幸福……

我的幸福与我

在莫愁宫
人为什么会有忧虑

今天,奥斯卡和我再次去了波茨坦。我们想参观那里的莫愁宫和它的花园。奥斯卡喜欢听国王、古代战争和古人生活的故事。非节假日漫步在这座花园当中,确实会感到似乎来到了另一个时代。花园的面积很大,而今天却很少遇到游人。走在里面,每次都能发现点什么新东西:有时是灌木丛中的一组石像,或者是一座小殿堂或一座凉亭。在参天古树中间,不时可见到猎隼、老鹰和麻雀等禽鸟。奥斯卡每次到花园里散步,总会想到他最喜欢的一本书:《天高城堡中的小丑》。他会设想当年的国王、公爵和伯爵在那个时代是什么样子。比方在一个暴躁公爵身边生活的情景,就像约瑟芬·西伯悲喜剧里的那个小丑的命运。故事里的公爵情绪不佳发脾气时,总要去折磨小丑。这时奥斯卡就会问:"公爵的情绪为什么老是不好呢?"或

者"公爵是个坏人吗?"

是啊,公爵的情绪为什么老是不好呢?或许奥斯卡应该去问当年修建和居住在这座美丽宫殿的国王。那是一位特别著名的国王,同样也经常情绪不好。他的名字就是:腓特烈大帝。

1712年腓特烈国王生于柏林城市宫殿里,在14个兄弟姐妹中排行老大。他的父亲是弗里德里希·威廉,以严厉闻名于世,所以才获得"士兵国王"的恶名。就是他曾让人在友谊岛上修建高高的围墙,以防止士兵逃跑。他喜爱一切与士兵有关的东西:军服、操练和风纪。

他的儿子腓特烈完全不合他的意愿。这是一个柔弱的孩子,单薄、娇嫩却有音乐天才。普鲁士国王无法想象这就是他的储君,因为他的目标是要把普鲁士建成一个由强大君主统治的强大帝国。腓特烈六岁时,就被父亲拉去进行严格的训练,提出了各种苛刻的要求:如必须在七分钟内吃完早餐,必须熟悉各种规章制度,以及必须学习很多东西。

然而,腓特烈却不愿意这样做,一有机会就背离父王的指令而自行其是。他让人给他找来禁书阅读,包括小说和艺术音乐书籍,并开始学习吹笛子。他父亲知道此事后,两人的矛盾便不断升级。父亲经常体罚儿子,并以残酷的惩罚来告诫他。在一个大雾的夜里,18岁的腓特烈曾试图出走,但没有成功。有一段时间,弗里德里希·威廉甚至考虑判处儿子死刑。但最后他儿子最好的朋友,因

为没有告发他逃跑的计划,便被父亲处死在腓特烈面前。

为了平息父亲的怒气,腓特烈迎娶了父亲为他选定的公主,但夫妻关系始终不和。

作为年轻的丈夫,腓特烈住在莱茵贝格宫,这是一座距柏林一百多公里的水堡。远离父亲,他度过了一生中最开心的岁月。他在这里研读文学、音乐、艺术和哲学。他还着手写作,涉及一个好国王应该如何待人的内容。

不久以后,他就有机会证明自己的才干,表明他是一个出类拔萃的君主。1740年,他的父亲去世,腓特烈成了普鲁士国王。他立刻实现了他的第一个理想:禁止在普鲁士施行肉刑。接着他又宣布,在他的国家里可以自由选择宗教信仰。在当时那个宗教纷争激烈的时代,这是一个很大的进步。然而,这个规定却不适用于犹太人,他们在普鲁士仍然过着艰难困苦的生活,对这位新国王极其失望。

同样在其他方面,这位新国王也让人感到失望。难道新国王最重要的政策不应该是宣布维护和平吗?可惜不是,登基还不到六个月,腓特烈就带领军队进攻了当时属于奥地利的西里西亚。战争持续了五年,西里西亚终于归属了普鲁士。

腓特烈作为统帅凯旋,首先要做的,就是实现自己的一个梦想。他怀念在莱茵贝格宫里的幸福岁月,所以想重新创建这样一个福地。他渴望在一个美丽的地方,无忧无虑地享受艺术人生。他计划在波

茨坦修建一座夏宫,完全根据他自己的设计。他以法文命名夏宫为Sanssouci,意思是"莫愁"。

1744年,腓特烈选择了波茨坦公园的中心地区,作为夏宫的基址。他先让人在葡萄山丘上,修建有六级宽阔台阶的大露台,夏宫就建在这山丘最上层的露台上。这位32岁的国王,这时就想到了自己的后事,指定此地为自己最终的长眠之地;他想他死后安葬在宫殿的背后,仍能从这里俯视整个花园的美景。他还规定,只有他的爱犬有资格与他一起进入这座冥宫。他想:"我生前是哲学家,死后也要作为哲学家入土为安。"他不想要盛大的葬礼,不要豪华和奢侈的场

面，只要一盏灯笼陪伴他走完最后的旅程。

然而，国王的一生却和他原先的设想完全不同。腓特烈虽然在莫愁宫度过了很多夏日，但这座夏宫却始终没有变成无忧愁的宫殿。他虽然有过很多功绩，例如他赋予国民很多权利，建立了数百所学校，在全国普及种植土豆……但他却与做了两年朋友的法国著名哲学家伏尔泰几乎每日争吵。生前就获得"大帝"称号的这位君主，终于成了好战国王。

他率领军队攻打萨克森，从而开始了一场血腥的大屠杀。这场战争持续了七年。打了三年以后，腓特烈几乎就陷入了绝命的不归之路。在一封信中他描述了当时的处境："我的衣服已经被子弹打成筛子。两匹军马也在我身下毙命，所幸我还活着。我们的损失是巨大的。一支 48000 人的大军，现在只剩下了不到 3000 人。我写这封信的时候，很多人都逃走了，我已无法控制我的兵马。这是一次惨烈的退却，我可能也活不到最后。我已没有预备队，我不想说谎，我觉得，我们一切都完了。我将看不到祖国毁灭的那一刻。永别了！腓特烈。"

只是通过一个偶然的运气，腓特烈才得以扭转乾坤。七年战争后的普鲁士竟然比战前更加强盛。但国王本人却发生了很大的变化。原来热爱文艺和美术的他，变成了一个孤僻和固执的人。他终日愁容满面，几乎再也看不到笑容，只是他的同时代人还称他为"老弗

里茨"。

此时的国王更喜欢和狗打交道了。他的宫殿也开始败落,他不想把它交给任何接班人,并留下遗言,说夏宫只能存在到他死的时候。1786年,腓特烈离开了人世,享年74岁。但国王的愿望最后没有实现,既没有哲学家的葬礼,也没有可以俯瞰莫愁花园的陵墓。

他的继承人弗里德里希·威廉二世,不懂得尊重哲学的罗曼蒂克。他把腓特烈安葬在波茨坦的军营教堂,和他不喜欢的父亲并排在一起。

可这个故事还没有结束。第二次世界大战期间,为避免轰炸,他的灵柩被取了出来。腓特烈死后的160年,他的灵柩先被存放在一座碉堡中,后来藏入了一口盐矿的深井里,直到1952年,才进入霍亨索伦家族城堡。国王在其中的小教堂里安息了几乎40年。看来他再也没有出头之日了,因为那时波茨坦是东德的领地。

只是在东西德重新统一以后,腓特烈的愿望最终才得以实现。人们把他的灵柩运回波茨坦,安放在葡萄山丘最上层露台预设的墓穴中。当这个墓穴开始修建时,年轻时的腓特烈是怎么说的?"如果我能够躺在这里,那我就不会再有忧愁了。"

现在,我们已经来到了国王的陵墓。奥斯卡沉思着观看躺卧在草地上的那块简单的碑石,上面只有国王的名字。

——关于腓特烈大帝你有什么想法?

哲学家
与儿童对话

——他战后变得太快了。

——你觉得他为什么有这样的变化呢?

——因为他看到了太多残酷的事情。

——只是看到吗?是谁发动的七年战争啊?

——就是他自己!

——你能够设想这是一种什么样的感受吗?对这么多人的死亡犯下罪过?

——我不想有这样的感受。

——本来国王想有一个没有忧愁的生活。如果我现在问你:国王都有哪些忧虑呢?你会怎么回答?

——他忧虑会打败仗,他的兵马会全部战死。生活对他并不是无忧的。

——他的忧虑并不是从他进行战争时才有的。你可以想一想他的童年和青年时代。他的父亲经常体罚他。那个没有告发他的最好的朋友,当着他的面被处决。

——真是很可怕。这对他的内心是摧毁性打击。

——我也是这样想的,奥斯卡。谁经历了太多的可怕事件,他就永远也放不下。你想一想,我们开头时提到头脑中有两个抽屉的比喻,我们从中学到了什么呢?你自己呢?你有时也有忧虑吗?

——比方在学校，有时候。但我更愿意把脑子里的忧虑排除掉。

——我再反过来问：你总是感到幸福吗？

——不，不总是。

——为什么呢？

——因为我们夏季旅行时总是想家。

——你认识总是幸福的人吗？

——不，不认识。

——你为什么觉得，没有人会总是感到幸福呢？

——人人都会有点忧虑的，爸爸。有忧虑，就不会感到幸福。事情就是这样。

——为什么是这样呢？

——因为每个人都有思想，有时就会想到不好的事情。

　　我觉得，这其中有很多真知灼见。谁想得多，就容易出现烦恼。这很可能就是人与其他动物的不同之处，因为人有理智。我们的大脑很容易失去平衡。如果我们有了坏思想，大脑就会发生化学反应，就会使我们感到不幸。这当然也符合有好思想的时候，那时的化学反应就会使我们感到幸福。但完全处于中间状态是很少有的，所以我们人类天生就不可能永远幸福。即使我们的愿望得以满足，也难免受到坏情绪的干扰。腓特烈大帝几乎达到了自己的目的：他赢得

哲学家
与儿童对话

了两次战争,完成了很多他想做的事业,但达到目的却远不能让他幸福。我们的新观点是:

> 人类很聪明,但不能永远幸福。我们的大脑常常是不平衡的。即使愿望得到满足,目的得以达到,也不会总是幸福的。

腓特烈在他的生活中真正追求的,并没有找到:那就是他灵魂的安宁。他想要的,是在美好事物中的一个无忧无虑的生活。可到底什么才是——美好的事物呢?

= 什么是美?

在新博物馆中
什么是美

今天早上,奥斯卡和我去参观柏林的"博物馆岛"。岛上的各个博物馆,就像是古老的希腊,坐落在柏林的市中心。施普雷河的碧绿河水在它周围缓缓流过,一切都显得那么幽静和永恒。

我们的目的地是那里的新博物馆和它的镇馆之宝——涅弗尔缇缇王后的胸像。博物馆建筑的所在,过去一直是一个废墟,只是最近几年才重建起来的。今天,它已是一个新老建筑艺术相结合的成功典范,这本身就是一件艺术品。穿越这座博物馆以后,那些希腊、罗马和埃及的展品似乎已经不再重要,因为博物馆本身实在太美了。

但奥斯卡当然想先去看著名的涅弗尔缇缇。尽管今天的观众并不太多,但仍然需要在这个展厅门前排队等候,每次只允许少数观众进入。于是我们一边排队,一边开始谈起这位充满传奇色彩的埃

及女人以及她的这座胸像。

涅弗尔缇缇的胸像,是在埃及中部、尼罗河东岸的泰勒阿马尔奈发现的。当年,埃赫那顿法老曾在这里建立一座新城。他主张一神宗教,认为世上并没有那么多神灵,而只有一个,那就是太阳神阿顿。涅弗尔缇缇是他的妻子,据考证,这位王后很可能与法老具有平等地位,两人共同统治这个国家。至少看起来,她承担着一个大祭司的职务。她的儿子图坦卡蒙也很著名。不仅因为他是个著名的君主——还因为他的陵墓及所有墓藏,在帝王谷被发现。

埃赫那顿那个时期,埃及曾发生过很多激烈的斗争。古都底比斯的强大祭司就反对埃赫那顿新的阿顿教条。于是,埃赫那顿就下令通缉他。而且,埃及帝国也受到东方强敌的威胁:后来也统治过土耳其的好战民族海地特人,正准备建立一个强大的帝国,威胁埃及的霸主地位。埃赫那顿统治17年以后,神秘地去世。同样,涅弗尔缇缇的命运也无从得知。

当1912年德国考古学家在阿马尔奈发现她的胸像以后,这位王后才又回到人们的记忆当中。从1920年开始,她就落户在柏林,在柏林人心中,她已经成为了一个柏林人。但埃及人却是另外的看法,他们一再要求,涅弗尔缇缇的胸像必须无条件地归还埃及。

争执的理由是显而易见的。埃及这位国母的胸像虽然不到半米高,

不到 20 公斤重——但她却无比珍贵。保险公司的估价为 3 亿欧元！

她之所以珍贵的另一个理由，是因为胸像保存良好，只缺少一只左眼。当然这还不是问题的全部。这座王后的石灰石雕像的头中，还蕴藏着很多故事、神话和传说。就连她的名字，也显示了她的传奇美貌。涅弗尔缇缇的原意是："美人来了"。

这位埃及女人细长的面孔、高高的颧骨和均衡的面颊，曾使很多人着迷。德皇威廉二世曾让人为他制作一件仿品，摆放在他的内室中。第一次世界大战后他不得不退位时，还把这件仿品带到了他逃亡的荷兰。阿道夫·希特勒也为涅弗尔缇缇所倾倒，同样让人做了一件仿品。有些人甚至认为，新博物馆里面的胸像并不是真迹，同样是一件仿品。

我们现在终于可以进入展厅，从近处观赏涅弗尔缇缇了。几分钟后，奥斯卡和我怀着敬畏的心情，走近展厅中间的玻璃展柜前。

——奥斯卡，你觉得怎么样？
——也不那么特别。
——你不喜欢吗？
——当然喜欢，但我并不觉得她有什么特别。
——可是，大家都说，她无比美丽。

——（思考片刻）妈妈比她更美丽！

后来，我们来到了外面的大街上，从"博物馆岛"散步到"菩提树下"大街。街的对面，有一块巨大的绿地。以前这里曾是城市宫殿的所在地。东德时期，曾在这里修建了"共和国宫"。这座"社会主义"标志性建筑被拆除后，临时修建了一座"洪堡立方楼"。乘电梯上到顶层，就可以看到柏林美丽的景色。我们坐到大露台上，喝着饮料，观赏着风光。

——我们再回到涅弗尔缇缇。你觉得她美吗？

——不是那么美，爸爸。

——那么你喜欢什么呢？比方这里的很多建筑，就说那些教堂吧，你觉得哪座美？

——（奥斯卡考虑片刻）我觉得，最美的是犹太教堂。

——为什么？与其他教堂相比，它有什么特色吗？

——它上面有一个金顶。第二美的是主教教堂，然后是锡安教堂，然后是索菲亚教堂，然后才是其他教堂。爸爸，你觉得哪座教堂最美呢？

——嗯。我觉得，也是犹太教堂和索菲亚教堂。但主教教堂却不是那么美。它虽然很大，但根本就不像是一座教堂。我觉得它相当臃肿和俗气。

——我觉得它还不错，爸爸。

——你看，人对美的看法有多么不同啊！你知道这是为什么吗？

——不知道。

——你看看这张露台桌，你能说说它的样子吗？

——白色。桌角是圆的，也就是半圆形桌角。

——好，你怎么知道的呢，奥斯卡？

——因为能够看见。

——正是。你觉得，别人也是这样看的吗？

——是的。

——但如果我问你,这张桌子美吗?你觉得怎么样?

——美。

——其他人也必须觉得它美吗?

——不,爸爸。

——为什么不呢?

——因为每个人都有不同的品位。

——是的。奥斯卡,你觉得,你长大了以后,仍然会觉得这张桌子美吗?

——(思考片刻)这我不知道……

——如果我说,这桌子是圆角的,和如果我说,这桌子是美的,有区别吗?

——桌子就是圆角的。但美不美,那是人的感觉。

这一点很重要。桌子是白的,这是桌子的质地。但桌子是美的,却是我们大脑里的一个概念。我觉得,我们学到了很重要的东西:美并不是事物、人或风景的性质。美是我们在事物或人中所感受到的东西。因此,美是无法衡量的。当然,有的人被很多人认为是美的。例如很多模特和演员就是这样。但在其他时代,却又认为另外一些人是美的。有时胖一点被认为是时尚,可有时却认为瘦一点甚

至很瘦更美。我们对美的概念是在变化的。我们十岁时觉得美的东西，不一定到40岁时还觉得美。由此我们获得的哲学观点是：

> 美是我们头脑里的概念，它取决于我们的品位，而我们的品位又受到生活中文化的影响。客观美是不存在的。

然而，美的问题还有一点不公正，就是它的分配不均匀。有些人被很多人认为是美的，可另外一些人却不这样认为。而实际上美与不美，任何人都无法左右，难道这不是不公正吗？

这又把我们带进了另一个哲学命题。那就是：什么是正义。人在共同生活中，怎么才能做到尽可能公平呢？

= 什么是正义？

在普伦特森林
什么是正义

　　柏林，一个最值得关注和应该被诅咒的地方，就是普伦特森林。森林位于城市东部的施普雷河畔。进入森林，穿过繁茂的树木，就会来到一个极其特殊的地段：在一个围栏后面，放置着一辆锈迹斑斑的履带车辆的残骸。一台巨大的摩天轮斜躺在地上，残肢指向空中，足有五十余米高。周围的大草坪上，躺卧着原形大小的恐龙模型。这里是什么地方？这里到底发生了什么？

　　难道这里发生过战争？或者发生了使人类和恐龙灭绝的灾难？整个场景就像是一部世界末日影片的布景。我们再次问，这里到底发生了什么？

　　普伦特森林，原本是东德的一座游乐园。每年曾有约两百万游客光顾这里，几乎和动物园的游客一样。在摩天轮上观赏周围景色，

坐在旋转木马上享受欢乐，曾是很多人的渴望。此外，这里还设有各种商亭、店铺和餐馆，就像是一个热闹的新年大集。

德国重新统一以后，这座游乐园的命运被画上了一个大问号。因为在东德时期，它是个国营单位，而在德意志联邦共和国，国家却不能经营这样的游乐场所。一个新的业者把它买了下来，全面进行修整，并增添了新的游乐项目。然而，游乐园却没有能够恢复当年的辉煌，游客数量急剧下降。面临破产的业者，一夜间携财潜逃，去了南美洲。

这以后，对此就再也无人问津。十几年过去了，它就一直这样被抛弃，任其败落荒凉。现在，这里已是杂草丛生，铁丝围墙到处是破损的缺口，人们可以毫不费力地进入这个废墟。但也有人发现了其中的商机，竟然把它变成了一个独特的旅游景点。周末时，甚至还有导游带领游客参观。不久前，一家咖啡馆应运而生。

奥斯卡和我坐在"神话咖啡馆"里，望着外面的公园废墟。我可以想象，儿子现在肯定更愿意登上业已生锈的旋转木马游戏一番，或者去吃一口棉花糖或烤杏仁。但另一方面，他当然也发现，这里是个极特殊的地方，也有它特殊的魅力。因此，我决定利用这个地方，作为我们下一个思维游戏的起点……

你可以设想一次飞机事故。你就是飞机上的一个乘客，感谢上帝，所有乘客都保全了性命。飞机迫降到太平洋一个无人孤岛上。虽然没有重伤者，大家都活了下来，但剧烈的硬着陆，使所有人都得了脑震荡。当他们醒来时，已经没有人知道自己是谁，也没有人知道，曾从事过什么职业，或者自己有什么优缺点。

所以，大家只好在这个岛上一切从头开始。这里很是荒芜，也很恐怖，就像现在的普伦特森林。岛上的大小山丘中，有些野山羊，和一些可以充饥的植物和果实。也就是说，为人的生存提供了一定的条件：足够的饮食、温暖的睡眠场所，以及广阔的活动空间。

在这种情况下，人们首先必须考虑的是，如何共同在这个岛上生存下去。为了避免发生混乱和无政府状态，他们需要必要的规则。每个人首先关心的，当然是满足自己的基本需求：他必须有水喝，有足够的食品吃和有地方睡觉。脑震荡和失忆，使他们无法单独看清和估计形势，所以他们坐到一起，试图寻找可以帮助他们走出困境的规则。

可这些规则应该是什么样子呢？人们可以干什么又不可以干什么呢？这并不简单，由于失忆，没有人知道在真实生活中他到底是谁，也没有人能够预见到什么对他是最好的。没有人敢冒风险，因为他们不知道，是否能够承受这种风险。所以他们就把所有想到的事情都记录下来，在分配重要物资时作为依据。如果是你，会主张哪些

规则呢？对你来说，什么是最重要的，什么是次重要的，以及什么是第三重要的呢？

——奥斯卡，你怎么看？你们在交往中，哪些规则是最重要的呢？
——不许杀人，爸爸。
——听起来很有说服力。第二重要的呢？

——不许拿别人的东西，特别不许拿别人的食品。

——听起来也不错。那么第三重要的呢？

——（奥斯卡思考很长时间）现在就回难了，应该是哪个呢？

——我和你一起思考。这个岛不属于任何人，你们就是它的占领者。

——不许有人像暴君那样说："现在这个岛是我的。"任何人都不能成为首领。

——好的。现在我们再设想一下，你们开始占领这座岛屿。你们中没有人是首领。每人都得到一块大小相等的土地。有人在上面牧羊，有人在上面种植土豆，还有人播种粮食等等，等等。这样公正吗？

——是的，爸爸。

——可现在发生了下面这样的事情：牧羊人取得了很大成功，羊群繁殖很快，生产了很多羊奶和奶酪。而种土豆的人却恰恰相反，幸运没有降临到他的头上：土豆生长得很差，一场暴风雨摧毁了他的土豆地，使他颗粒无收。这时，牧羊人去找土豆农民，对他说："你听着，我可以帮助你。你可以把土地给我，然后为我去牧羊。作为报酬，我给你一些羊奶和奶酪。"由于所有的土豆农都遭受了同样的命运，所以他就向所有这些人提出了同样的建议。土豆农接受了

他的建议。不久以后，牧羊人就成了岛上一半土地的主人。这样公正吗？

——不，爸爸，这样不公正。因为他一个人占有的太多了。

——应该禁止牧羊人与其他人进行这样的交换吗，奥斯卡？

——其他人也可以试试去牧羊。土豆农也可以再次尝试种一回土豆。他不要把全部土地都交出去，可以留下一半，这样他不是仍然有可能继续去做试验吗？

——奥斯卡，是否每人都只能占有和其他人同样大小的土地呢？

——牧羊人不许当首领。

——允许他通过交换获得更多土地吗？也就是说，是不是每人都一样就公正了呢？还是成绩大的人可以多得到一点呢？

——爸爸，每人都同样多，更为公正，而且每人必须有足够的食品。

——是啊，可牧羊人只是说："把土地给我！"这也是为了别人，这样土豆农就不至于饿死。难道这不公正吗？

——他也可以送给别人几只羊嘛。

——是的，他可以。但如果他不送，而是进行交换呢？以土地换食品呢？

——他是可以多占有一些土地，但只能多占到不令别人挨饿就行了。

——也就是说,有人可以比其他人多占一些土地,但只能是,别人也能得到一些好处,得到某种满足,是不是?

——是的,但不许有欺诈!

我觉得,我们在这方面找到了相当好的规则,而且与著名的美国哲学家约翰·罗尔斯提出的观点极其相似。罗尔斯认为,如果想找到公正的规则,就必须首先站到弱者的立场上。或许正是由于这个观点,才可以保证最大限度的正义出现。罗尔斯的规则如下:

1. 人人有同样的权利。在不限制其他人自由的前提下,人人可以自由发展自己。

2. 如果有人比别人占有更多,就必须遵守下列规则:第一,人人都有同等机会获得更多的占有。第二,占有多者必须向占有少者交出足够的占有。

于是,我们就有了下一个哲学观点:

> 正义,就是对所有人尽可能公平,给所有人机会。因此,我们必须永远站在对弱者公平的立场上,不使人享有特权。

　　但是这样，所有问题就都解决了吗？罗尔斯的第一个规则说，我不能限制别人的自由。为什么不能呢？到底什么是自由？为什么自由如此重要呢？

　　= 什么是自由？

在柏林墙公园

什么是自由

柏林有一个柏林墙公园（就像有 RAW 园区一样），得感谢很多人的勇气和创造精神。特别是到了夏季的周末，这块绿地就变成了五彩缤纷的宝地，迎接来自世界各地的人们。这里有一个价格公道的大跳蚤市场，大草地上可以随意躺卧休闲。空气中充斥着烤香肠的香味。有人玩地滚球，有人耍杂技，有人打篮球和踢足球。在一个圆形露天大剧场里，各国的人在唱卡拉 OK，竞显他们的歌喉。观众们好奇而友好，到处是一片欢乐的气氛。在这里，每个人都在享受自己的生活，做着随心所欲的事情。

但是，这里并不是从来就这样的。柏林墙公园所在的地方，曾是一个死亡地区。最早的时候——在 19 世纪——这里是柏林的火车北站。在帝国时期，一列列货车开往施特拉尔松。第二次世界大战

以后，战胜国把这座城市分割了。这里正是法占区和苏占区的分界线。今日柏林墙公园西边的韦丁区，被法军占领。而东部地区，即普雷斯劳区，则受前苏联红军的控制。

1961年8月13日，东德政府在当时的占领区之间，修建了柏林墙以巩固其边界，这同时也就成了德意志联邦共和国和德意志民主共和国的国界。柏林墙紧靠在北站的边缘。今天是公园的地方，顿时成了一个无人区，到处杂草丛生，达30年之久。在东德部署了严格的警戒区，没有人可以越过这堵墙从东柏林来到西边。西柏林修建了一座瞭望台，很多游客从西边可以看到东柏林的情景：那里的禁区和高度安全设施。

东德解体后，德国于1990年10月重新统一。住在附近和城区里的很多人，在这个三不管的地段充分行使自己的自由。这个地段应该如何处理，很长时间都是个备受争议的话题。市政当局想把它当做建设用地拍卖，在这里建筑房屋，而很多市民组织却用各种小动作对抗当局的这个意图，极力争取建设"自己"的公园。今天，这座柏林墙公园已经成为整个城市各国年轻人最重要的聚会场所。

奥斯卡和我第一次到这里来的时候，奥斯卡好奇地站在墙前端详了很久。那是有意保留的一段残墙，位于现在公园的中心地带。上面已经布满了彩色涂鸦图案。随之我们进行了一次有趣的对话：

哲学家与儿童对话

——这是什么,爸爸?

——一段剩余的隔离墙。

——它很高,无法爬过去。

——奥斯卡,你知道吗,这正是当时修建时的意图,不让任何人能够爬过去。

——但我今天或许可以爬上去。

——我担心,奥斯卡,你现在可能做不到。你还太小。

——(奥斯卡思考片刻)当然,或许得等修建下一道隔离墙的时候,爸爸。

在柏林市中心再修一道隔离墙,感谢上帝,在可预见的将来可能不会出现了。对青少年来说,他们反正无法想象,柏林确实曾经用一道墙被分割开来。柏林墙的历史,对他们来说,几乎就像是一个海盗阿斯特里克斯的冒险故事。但它到底是怎么形成的呢?

第二次世界大战结束后,德国被美、英、法、苏四国分割占领。在西方国家占领的地区,建立了德意志联邦共和国;而在前苏联占领的地区,则成立了德意志民主共和国。两个国家截然不同。

在东德是社会主义制度。工厂不属于个人,而属于国家。住房的租金很便宜。各种劳动均为同等价值,所以每个人的收入大体相同。

这作为一种理想是很好的。但国家无法消除不公正，反而制造了新的不公正。例如谁加入社会主义政党，他就比其他人获得更多的特权。但政府不相信自己的人民，所以就建立了庞大的秘密特务机构，对人们进行监视、窃听和调查。谁批评政府，就可能遭到不公正的严厉惩罚。想离开东德国境，几乎是不可能的。

在西德却恰好相反，没有人人收入相同的原则。谁贡献多、运气好或者成绩大（或者父母有钱），谁就可以比其他人赚钱多。工厂（少数除外）不属于国家，而属于个人。西德的整个社会比东德更快地富裕了起来。这有两个重要原因。第一，这对很多人是一种鞭

策,只要有条件,通过自己的努力,就可以比其他人得到更多的东西。第二,西德从一开始就属于世界上比较富有的国家集团,其重建得到了美国的帮助。它与美国和西欧国家进行贸易往来,而这都是世界上富有的国家。而东德,却只能和前苏联及东欧国家进行贸易,它们都是比较贫穷的国家。所有这些,都使西德居民的生活,比东德更加舒适。而且,西德的居民也有更多的自由,他们可以根据自己的意志行事。

东德成立以来,就有很多人逃往西德。于是,东德就建立了庞大的预防和隔离设施,但逃跑的事情却仍不断发生。1961年,就有350万东德人逃往西方。特别容易逃跑的地方,就是柏林。这座城市的边界有45公里长,部分穿过狭小的街巷,那里很难看守。所以东德于1961年在前苏联的同意下修建了一道隔离墙,把东柏林彻底封锁起来。这年的8月12日到13日的夜里,隔离墙开始兴建。一些逃亡者利用最后的机会,用床单当做绳索把自己吊到窗外,越过了尚未完成的隔断。

西德和美国面对隔离墙的修建,表现出无可奈何。"不是很漂亮的解决方法,"美国总统肯尼迪评论说,"但总比战争要强。"在隔离墙存在的28年间,仍不断有人尝试逃跑。然而,隔离墙被严密监视。东德的边防军得到命令,对一切逃亡者格杀勿论。根据现有的资料,共有136人因此而丧失了生命,大多是30岁以下的男性青年。

在柏林墙公园

1989年秋,东德爆发了大规模反政府抗议活动。11月9日,东德政府决定开放自由旅行。很多东柏林人都涌到隔离墙旁,要求通过。经过一番迟疑和困惑以后,边防军终于打开了通道。从此以后,这道墙再也不是威胁。愤怒的东德人把墙拆除,为留作纪念,最后只剩下了一小段残墙。随着隔离墙的倒塌,东德也随之解体。1990年10月3日,东德加入西德。德国又成为一个统一的国家。

——是啊,其实这道墙并不是一件令人高兴的事情。
——确实不是,爸爸。那么多人失去了生命。
——我刚才给你讲了两个德国之间的差别。你愿意在哪边生活呢?一边,所有人劳动收入都一样;另一边,人们多劳多得。
——能有个职业,又有钱赚,还可以幸福地生活,不是很酷吗?既然多劳动又不多赚钱,我还是宁可懒惰一些更好。
——但是,干活多的却不满意。
——(奥斯卡思考片刻)是这样。
——但最大的问题是,这个国家不相信自己的居民,对他们进行监视和调查。很多人都对此很反感。而生活在西德的人却相当富有,可以购置很多美好的东西。休假时可以去其他国家旅游,去西班牙、意大利、奥地利。但东德人却不

允许
——所有的人都想离开东德吗？
——不是所有人，但很多人，特别是年轻人，他们觉得东德太乏味无聊。
——其实，这是两个完全不同的国家，不是吗？
——是的，而且是敌对的。那时人们老是担心会在美苏之间发生战争。如若是那样，两个德国的人就要相互开枪了。你能够设想，为什么有人想离开东德呢？
——当然！他们在西方会赚到更多的钱，得到更好的职业。只要努力工作，就会有好的回报。
——假如你生活在一个围城里，无法出来，你会觉得怎么样？
——（奥斯卡思考片刻）肯定是很糟糕的。
——假如科隆周围修了一道墙，你无法去探望外婆外公，你能够设想吗？
——那将是个悲哀的感觉。
——你觉得东德有权利修建围墙吗？只因为它曾经宣告：我们是更公正的德国，我们这里每人都能够得到同样的待遇。所以我们有权建立围墙，好让这个国家保存下来……
——我无法设想，爸爸。这样的围墙是不应该存在的，也不应该有两个德国。

在柏林墙公园

——奥斯卡,对你来说,什么是自由?

——可以干自己愿意的事。自己决定到什么地方去。

——好,自由就是"自己可以决定",是吗?这听起来不错。可这样说就够了吗?比方说,你愿意去一个什么都可以干的贫穷国家,还是愿意去一个禁令很多的富有国家呢?

——(奥斯卡思考很久)我觉得,还是去那个富有的国家。当然最好是一个富有的国家,又什么都允许干。

——如果一个人很穷,没有什么自由的事情可以做,那自由也就没有什么价值。真正能够生活在自由中,还必须具备很多其他条件,比方某种富裕的生活。但我还想到了第二个问题。你说"一个什么都可以干的国家",你是认真的吗?什么都可以干的无限制的自由——你觉得好吗?

——爸爸,当然必须有一定的规则。

——是的。假如没有规则,人人都可以随心所欲,想干什么就干什么,那将会发生什么事情呢?

——那就会有人被杀死。或许一大早就有人拿着刀站在你门口,因为他杀了人,不会承担任何后果。

——自由只有在高度安全的情况下才有意义。

——(奥斯卡唱了起来):"云彩之上,自由无限……"

——云彩之上?那是自由最少的地方。在那里人要想不掉下来,

就得指望飞机正常飞行。而且空气是如此稀薄，没有足够的氧气，上面也无比寒冷。奥斯卡，你必须记住：自由始终是与安全连在一起的，两者相互关联，不论在云彩之上还是人与人之间。而且，自由也是各种各样的。其中一个就是：允许去做什么的自由。

——去森林散步和玩耍，或者踢足球，或者在房间里玩乐高。

——正是。而另外一种自由则是：不受干扰的自由。

——没有家庭作业。

——是啊，或者不做有害的事，免遭严厉惩罚，这样政府也不会随意干预。

好，我们又有了新的哲学观点：

> 被允许做很多事情的感觉，是幸福的。但被允许做事情的自由，是受其他人被允许做事情的自由所限制的。其他人自由的起点，就是我自由的终点。自由永远与安全紧密相连。如果人人都被允许自由地去做任何事情，那将是十分可怕的共同生活。

离开柏林墙公园时，我觉得，奥斯卡已经完全用另外的眼光看这座隔离墙了。我们今天学到了很多东西。例如被允许做很多事情

在柏林塬公园

的感觉,对一个人十分重要,也是人生的要素。即使没有做很多可以做的事情,有这种感觉也就足够了。那么,人生中有什么是必须做的呢?

=人生最重要的是什么?

在电视塔上
人生最重要的是什么

谁有最高的电视塔？有一段时间，这似乎是一个关键的问题。当东德的国家元首瓦尔特·乌布利希于1964年决定修建柏林电视塔时，目的只有一个：树立世界威望。电视塔的规模必须显示东德的社会主义优越性。要想修建这样的电视塔，就必须有世界上最好的建筑师！而这样的建筑师，在乌布利希的梦想里，只能在最好的社会制度里产生。

这座电视塔应该建成什么样子，曾长时间争论不休。但有一点必须确定，就是最上面应该是个圆球——那是前苏联第一颗人造卫星"斯普特尼克"号的形状，前苏联是世界上第一个向太空发射卫星的国家。而这个圆球应该放射红色的光芒——那是社会主义的颜色。五年后，电视塔建成：368米高，成为世界上最高的塔形建筑。

只有纽约的帝国大厦比它高些。1969年10月7日,东德国家建国20周年时,电视塔向公众开放。但上面的圆球却没有放射红色光芒,而是在银色的金属板上出现了一个光亮的十字架。东柏林人幽默地称其为"教皇的报复"。还有些人把它比做一座教堂,称其为"圣瓦尔特教堂"——根据其业主瓦尔特·乌布利希的名字。

对这座电视塔的建成最不高兴的,不是西德或美国,而是前苏联。虽说两国在政治上是盟友,但小小的东德竟然修建了比伟大的前苏联还要高的电视塔,当然是说不过去的。在东柏林电视塔开放之前,前苏联就宣布了莫斯科电视塔的落成——537米高,为世界上最高的建筑,但这使西方国家很不开心。随之就出现了更高的多伦多电视塔——553米高。但这个纪录很快就被打破了。亚洲的中国和日本也显示了他们的实力。当今最高的电视塔,竖立在广州(600米)和东京(634米)。

尽管柏林电视塔早已不是世界之最,但在它的圆球上面却可以看到这座城市的一幅绝美的全景图画。奥斯卡喜欢电视塔,因为这使他想到《星球大战》中很多未来世界的造型。现在,我们正从设想中的飞船舱里俯瞰下面的房屋海洋、纵横的街道和很多很多的人,他们都像是微小的黑点,四处滚动着,在寻找自己的幸福。

——奥斯卡,告诉我,我们有必要去见识世界上最高的电视塔吗?

哲学家与儿童对话

——没有必要。
——你觉得,东德的政治家们为什么觉得修建最高的电视塔如此重要呢?
——因为他们觉得骄傲,这样他们就可以说:"我们就是柏林!"有点吹嘘的意思。
——做一点吹嘘,或许也很重要吧?
——不。
——你觉得,人生中什么最重要?

——过一个正常的生活,有可爱的双亲,有足够的饮食,所有人都过得很好。

——有点道理。奥斯卡,如果没有朋友,你觉得怎么样?例如没有奥勒,没有洛伦茨……

——那就太惨了。朋友很重要。

——你还记得幼儿园患癌症的拜尼吧。

——对,健康,健康很重要!

——还记得我给你讲的关于第二次世界大战的故事吗?外公和外婆从床上惊醒,急忙逃向防空洞。他们当时是多么恐惧啊!

——和平,爸爸。和平也很重要。

——我讲到第二次世界大战时,提到了希特勒,还讲到犹太人受到迫害和追杀。

——啊,对!任何人都不应该因为肤色或者宗教不同而遭到迫害。

——一个美好的人生,都应该有什么呢?或许也包括不能无聊吧?

——对,应该有欢乐。

已经是黄昏了。我们又看了一眼下面的房屋、街道、汽车和微小的人流。然后我们离开了圆球中的观景饭店,乘高速电梯重新回到地面。我们的最后一个哲学观点就是:

> 人生中,如果想得到幸福,我们需要很多重要的东西。有些很重要,希望它们出现,例如欢乐和朋友;有些则不希望出现,例如疾病、战争或迫害。

其实,这个观点说明了很多重要的问题。但仍然还缺少一点。本书开头时,我答应回答一个问题:"为啥什么都有,而不是什么都没有呢?"你知道,我当然没有正确的答案,但我们却可以进行一些思考。

——奥斯卡,你还记得我们在自然博物馆曾思考过一个问题:"为啥什么都有,而不是什么都没有呢?"

——是的,我记得。

——我们曾谈到宇宙的原始大爆炸。而在这之前,或许就是一个大硬块。

——是的,可是,那个大硬块又是从哪里来的呢?它的周围又是什么呢?

——我曾告诉你,没有人知道这些。但有一个小故事讲给你听,这是最后一个故事:

有一个人在中国穿越一片森林时,突然发生了意外。一支箭飞来,恰巧射中了他,使他受了重伤。而更糟糕的是,箭头上涂有毒药。他吃力地爬回家。他的朋友和亲属立即去找医生。医生很快就来到他身边。就在医生准备把箭拔出来时,伤员突然说:

"请稍等片刻!在您拔出箭之前,请告诉我,是谁向我射的箭。我想知道,马上知道!是士兵吗?是牧师吗?还是市民?或者是农民吗?"

"我不知道。"医生说着开始夹住箭杆,准备从伤口里拔出来。

"住手!"伤员喊道,"我必须先知道:射中我的人是从哪儿来的?他是矮个、高个还是中等身材?"

"这我怎么会知道,"医生说,"我必须立即给您治伤。"

"不,不,您得先回答我的问题!那个人的皮肤是什么颜色?黑色、褐色还是黄色?他来自哪个村子?或者来自哪个城堡?他是用什么射中我的,短弩还是长弓?"

"这我真的不知道,"医生说,"请安静下来让我治伤。"

"停住!"那个人吼道,"请立即告诉我!我必须知道。这对我最重要:他的弓弦是什么材料做的?是丝线还是铁丝?那么箭头呢,是弯的还是直的?"

就在这时,伤员没有了力气。毒性开始发作,最后死在医生的怀里,因为他不允许医生把箭拔出来。

我们又来到大街上,走在亚历山大广场。天已经黑了,周围房子的窗子里闪出了灯光。我们该回家了。

——是啊,奥斯卡,故事里的那个人做错了什么呢?
——他当然是应该先让医生把箭拔出来。
——是的,他提了那么多问题,却忘记了最重要的。这个故事想说的就是,在人生中,一切从哪里来的,是谁创造的,或许并不那么重要。同样地不那么重要的就是,想知道为什么一切都存在。真正重要的,应该是生活本身!你明白吗,奥斯卡?
——当然。

我们亲昵地并肩走着。父亲和儿子,两个追求幸福的人,行进在千百万人中间。

——爸爸,只还有一个问题。
——什么?
——可是,到底是谁射的那支箭呢?